우리는 왜 여전히 전근대적인가

우리는 왜 여전히 전근대적인가

민족사에서 문명사로, 집단에서 개인으로

최 범

기파랑

차례

한국의 근대에 관한 10가지 명제

1. 한국의 근대는 정치경제적 근대성과 사회문화적 전근대성의 이종교배이다.
2. 한국 사회의 주요모순은 전근대(수구)와 근대(개화)의 문명모순이다.
3. 문명모순은 하위모순(계급모순, 민족모순, 젠더모순)을 가로지르며 굴절시킨다.
4. 한국 좌우대립의 본질은 전근대와 근대의 대립이다.
5. 한국의 정치세력은 수구좌파(반근대화 세력), 보수우파(물질적 근대화 세력), 진보우파(정신적 근대화 세력)로 나눌 수 있다. 그러나 아직 한국에는 진정한 진보우파가 없다.
6. 한국의 근대화는 민족이라는 집단적 주체에 의한 근대화였으며, 그런 점에서 근대적 주체(개인) 없는 근대화였다.
7. 근대는 혁명이며 대한민국 혁명은 한국 근대혁명의 일부이다.
8. 개항 이후 150년에 걸친 1차 근대화는 끝났고 이제 2차 근대화를 시작해야 한다.
9. 1차 근대화가 정치경제적 근대화였다면 2차 근대화는 사회문화적 근대화가 되어야 한다.
10. 2차 근대화는 개인이라는 근대적 주체를 발견해나가는 기나긴 혁명의 여정이 될 것이다.

머리말

근대화의 성찰과 모색

이 책은 한국 근대화 150년을 성찰하고 이후를 모색하기 위한 것이다. 한국의 근대는 1876년 개항으로 시작된 지난 150년의 시간을 가리킨다. 이 시간은 중세에서 근대로의 전환기이다. 이는 조선으로부터 일제 식민지를 거쳐 대한민국으로 이어지는 시간이기도 하지만, 단순한 국가의 교체를 넘어서는 거대한 문명전환의 시간인 것이다. 문명전환은 격렬한 문명충돌을 야기하며 그 결과 다기한 문명모순을 낳을 수밖에 없다. 지난 150년간의 한국사는 바로 그러한 문명전환이자 문명충돌이며 문명모순의 역사였다.

하지만 이 시간들조차 근대화라는 거대한 과정의 일부, 그것도 아주 초입에 불과하다. 굳이 표현하자면 이것은 1차 근대화일 뿐이다. 개항에서 식민지, 해방, 건국, 산업화, 민주화로 이어지는 한국의 1차 근대화는 끝났다. 이제 우리는 2차 근대화를 준비해야 한다. 그것은 지난 150년간의 1차 근대화를 되돌아보고 그 바탕 위에서 더 높은 단계로 나아가는 것이다. 1차 근대화는 정치경제적 근대화였다. 2차 근대화는 그동안 방기되었던 사회문화적 근대화가 되어야 한다. 사회문화적 근대화의 핵심은 '개인의 발견'이다. 이 책의 문제의식은 바로 여기에 있다.

한국 사회와 역사에 진지한 관심을 가진 사람이라면 다음 두 가지 사실에 놀라게 된다. 하나는 불과 백 년 전과만 비교해도 한국 사회의 모습이 놀라울 정도로 달라졌다는 것이다. 개화기 때 서양인들이 찍은 사진을 보면 과연 저기가 한국일까 싶을 정도로 한국 사람과 한국 사회의 외양은 천지개벽할 정도로 바뀌었다. 그래서 이제는 선진국이라는 소리가 나올 정도가 되었다. 그런데 또 다른 사실 하나는 오늘날 한국인의 의식과 행동양식은 백 년 전의 조선인과 하나도 다르지 않다는 것이다. 물론 이 말에 동의하지 않는 사람도 있을 것이다. 하지만 나는 그렇게 생각한다. 한 마디로 외양은 현대화되었지만 정신은 과거 그대로라는 것이다. 이런 것을 흔히 '문화 지체', '불균등 발전' 또는 '비동시성의 동시성'이라고 한다. 그렇다. 인간 세상이 물질과 정신으로 이루어져 있다고 하지만, 이 둘의 성격이 이렇게 다를 수 있을까. 아마 한국처럼 이 둘이 심하게 불일치하는 사회도 찾아보기 어려울 것이다. 내가 다루려는 문제는 기본적으로 이것이다.

이 책은 『문제는 근대다』(2023)와 『이상한 나라, 대한민국』(2024)에 이은 한국 근대 연구 3부작의 마지막 작업이다. 돌이켜보면, 이 책은 한참 탈근대주의의 물결이 밀려오던 1980년대 후반 대학원 시절, 유행을 거슬러가면서 근대를 탐구해온 40년에 걸친 나의 지적 여정의 산물이다. 전근대와 근대, 탈근대가 뒤엉켜 난무하는 시대에 나는 줄곧 한국 근대의 성격을 파헤치는 작업에 몰두해왔다. 그리하여 나 나름대로 한국 사회와 근대를 일관성 있게 설명할 수 있는 시각을 가질 수 있게 되었다. 타당성에 대한 평가는 독자의 몫이다.

이 책의 1~3부가 문명전환이라는 관점에서의 한국 근대에 관한 이론이라면 부록은 문화비평이다. 각기 새마을운동, 민중미술, 아시아 문화교류를 주제로 한 3편의 비평을 통해 한국 근대의 내면을 일부나마 드러내보려고 했다. 아무튼 이렇게 해서 나의 한국 근대 3부작은 완성되었다. 근대문명론(『문제는 근대다』)에서부터 시작하여 대한민국론(『이상한 나라, 대한민국』)을 거쳐 문명전환의 방향을 제시하는 것으로 마무리된다.

한국 근대 3부작을 출간해준 기파랑 출판사와 박정자 대표님에게 감사드린다.

최 범

한국의 문명전환

01

문명전환의 양상

문명전환

인류의 역사는 문명의 역사이다. 문명의 역사는 곧 문명전환의 역사이기도 하다. 문명이 계속 바뀌어왔기 때문이다. 지난 150년간 한국[01]이 경험한 것도 문명전환이었다. 1876년 강화도조약으로 인해 조선은 나라의 문을 열었다. 개항이자 개국이며 개화이자 근대화였다. 그때까지 조선이 관계를 맺고 있던 나라는 중국과 일본 그리고 극소수의 인근지역 뿐이었다. 하지만 개항을 하면서 한국은 나라의 문을 열고 처음으로 세계무대에 나서게 되었다.

이것은 정치적으로는 중화 질서로부터 근대 국제 질서로의 이행이었으며, 지리적으로는 대륙문명으로부터 해양문명[02]으로의 이동이었으며, 최종적으로는 동아시아 문명으로부터 서구 근대문명으로의 전환이기도 했다. 한마디로 중세로부터 근대로의 문명전환이었다.

우리는 흔히 격동의 근현대사라고 말한다. 갑신정변, 갑오개혁, 동학란, 한일합방, 해방, 대한민국 건국, 한국전쟁... 사건의 목록은 끝없이 이어질 수 있다. 이것은 모두 1876년 개항 이후 일어난

---

01 이는 오늘날 한국인들이 상상하는 연속된 역사적 공동체로서 종족이나 국가로만 환원되지 않는, 엄밀히 정의 될 수는 없지만 그저 관습적인 하나의 느슨한 개념이라고 보면 된다.

02 역사학자 고정휴는 '태평양의 발견'이라는 해양적 관점에서 한국의 근대를 조명한다. 『태평양의 발견과 근대 조선』, 나남출판, 2022. 외

주요 사건들이다. 그런 점에서 격동의 근현대사란 다름 아니라 한국이 중세로부터 근대로의 문명전환을 겪는 과정에서 겪은 사건들의 연쇄이며 굴곡이며 파장이라고 할 수 있다. 따라서 한국의 근현대사는 곧 문명전환의 역사에 다름 아닌 것이다.

문명충돌

문명전환은 문명충돌을 초래한다. 하나의 문명이 다른 문명과 만나는 과정은 격렬한 충돌일 수밖에 없다. 이것은 가히 행성충돌에 비견할 수 있다. 행성충돌은 둘 중 하나가 파괴되거나 그렇지 않더라도 어느 한쪽에 커다란 흔적을 남기게 마련이다. 서구의 근대라는 행성과 충돌한 아프리카나 아메리카는 거의 행성 자체가 파괴되는 수준에 이르렀고 아시아는 그 정도는 아니었지만 역시 커다란 충격을 받았다. 문명충돌을 야기한 근대는 분명 우리가 초대하지 않은 손님이었고 그런 점에서 그것은 일단 침략이었다. 하지만 문명충돌에 의한 문명전환이란 말할 수 없이 거대하고 복잡한 과정이며, 그것을 단순히 침략이다, 해방이다, 잘라 말할 수 있는 것은 아니다. 문명전환에는 침략과 해방과 저항과 학살과 지배와 피지배, 절멸과 투쟁이 모두 들어 있다.

문명충돌이란 개념은 새뮤얼 헌팅턴의 책[03]으로 잘 알려져 있다. 헌팅턴은 냉전 이후 문명이 새로운 균열과 적대의 경계선이 되

03 새뮤얼 헌팅턴, 이희재 옮김, 『문명의 충돌』, 김영사, 1997.

고 있다고 진단하면서 문명충돌이라는 개념을 사용한다.

"1980년대 말 공산 체제가 무너지면서 냉전 체제는 역사의 뒤안으로 사라졌다. 탈냉전 세계에서 사람과 사람을 가르는 가장 중요한 기준은 이념이나 정치, 경제가 아니라. 바로 문화다."[04] 그러면서 이렇게 말한다. "가장 위험한 문화적 분쟁은 문명과 문명이 만나는 단층선에서 발생한다."[05] 그러면서 그 이유로 "문명은 가장 상위 수준에 있는 사람들의 문화적 결집체이며 가장 광범위한 수준의 문화적 동질성"[06]이라는 점을 든다.

따라서 헌팅턴은 근대화에도 불구하고 비서구는 결코 서구화되지 않는다고 주장한다.

"팝 문화와 소비재의 세계적 확산이 서구 문명의 승리를 상징한다는 논리는 서구 문화를 왜소하게 이해한다. 서구 문명의 정수는 맥버거가 아니라 마그나카르트타인 것이다. 비서구인들이 맥버거에 열광한다고 해서 그들이 서구의 기준을 받아들인다고 호언장담할 근거는 어디에도 없다."[07]

---

04 새뮤얼 헌팅턴, 31쪽
05 새뮤얼 헌팅턴, 39쪽
06 새뮤얼 헌팅턴, 65쪽
07 새뮤얼 헌팅턴, 91~92쪽

그럴지도 모른다. 하지만 이는 헌팅턴이 서구화와 근대화를 구분하기 때문에 그렇다. "이슬람의 부활은 서구화에 대한 반작용이지 근대화에 대한 반작용은 아니다."[08] 이런 발언을 보면 헌팅턴은 서구화를 서구 문화의 수용으로, 근대화를 산업화로 받아들이는 것 같다. 그러니까 서구화를 '정신적 근대화'로, 근대화를 '물질적 근대화'로 한정해서 사용하는 것이다. 그렇게 보면 사실 비서구 국가들은 물질적으로는 근대화가 되어도 정신적으로는 서구화, 즉 정신적 근대화를 거부한다는 것이다. 이것은 한국도 같다. 동도서기(東道西器)가 바로 그것 아니겠는가. 물질적으로는 서구화(西器)될지라도 정신적으로는 동양의 길(東道)을 지키겠다는 것, 이것이 바로 반서구적 근대화이고 물질적 근대화이다. 이 점에서 이슬람과 한국은 다르지 않다. 헌팅턴처럼 서구화와 근대화를 구분하느냐 아니냐 하는 것은 또 다른 논점이 될 수 있다. 이는 나중에 다시 다루기로 한다.

아무튼 헌팅턴은 그동안 동서 냉전이 만들어낸 이데올로기 대립으로 비서구 국가들을 묶어주었던 끈이 탈냉전으로 인해 사라지자 많은 비서구 국가들이 이전 문명으로 회귀했다고 말한다. 여기에는 탈냉전보다는 이른 시기이지만 이란이 이슬람혁명에 의해 친미 팔레비 정권으로부터 이슬람 신정 체제로 회귀한 것을 대표적 사례로 들 수 있을 것이다. 사실상 북한도 그랬다고 보아야 한다. 북한이 말하는 '조선혁명'은 근대 이전의 성리학 원리주의 체제로 돌

08 새뮤얼 헌팅턴, 190쪽

아간 것이며, 그런 점에서 이슬람혁명과 다를 바 없는 것이다.[09]

그래서 사실 문명충돌이란 헌팅턴이 말하는 탈냉전 이전에, 이미 비서구 국가의 근대화 그 자체였다. 비록 그것이 물질적 근대화에 한정되었을지라도 말이다. 한국도 마찬가지이다. 오히려 한국은 지구상 최후의 냉전국가라고 불리는 만큼 탈냉전의 영향을 그리 직접 받지는 않았다.[10] 한국의 문명충돌은 다른 모든 비서구 국가와 마찬가지로 서구 근대문명과의 조우 그 자체로부터 시작된 것이었다.

문명모순

문명전환은 필연적으로 문명모순을 산출한다. 문명과 문명의 충돌은 거대한 모순을 빚어내기 때문이다. 그런 점에서 문명모순이야말로 한국 사회의 최상위 모순을 이룬다고 할 수 있다.

"어떤 과정이든 만일 거기에 많은 모순이 있다면 그중에서 반드시 한 가지 모순은 주요한 것으로서 주도적, 결정적 역할을 하고 기타의 모순은 부차적이며 종속적 위치에 처하게 된다. 그렇기 때

09 브라이언 마이어스, 고명희 외 옮김, 『북한은 왜 극우의 나라인가』, 시그마북스, 2011. 참조

10 1970년대에 많이 읽힌 리영희의 『전환시대의 논리』(창비, 1974)는 당시 탈냉전의 관점에서 한국을 둘러싼 국제 질서를 다시 보려고 한 시도였다. 하지만 리영희의 책은 탈냉전이라는 미명 하에 커다란 인식 상의 오류를 초래한 또 하나의 무지와 미망(迷妄)의 산물에 지나지 않았다.

문에 어떠한 과정을 연구하든지 그것이 만약 두 가지 이상의 모순이 존재하는 복잡한 과정이라면 전력을 다하여 그 주요모순을 찾아내야 한다."[11]

마오쩌둥의 모순론의 관점에서 볼 때 한국 사회의 주요모순은 근대와 전근대의 문명모순이며, 계급모순, 민족모순, 젠더모순 등은 하위모순에 불과하다. 뿐만 아니라 최상위 모순인 문명모순은 하위모순들을 가로지른다.[12] 이리하여 계급모순은 문명모순과 결합하며, 민족모순도 젠더모순도 모두 문명모순의 변형된 형태로 나타난다. 따라서 한국 사회의 제 모순들-계급모순, 민족모순, 젠더모순은 모두 문명모순의 하위모순으로서 문명모순에 의해 그 형태와 성격이 최종적으로 결정된다는 점에서 문명모순은 최종심급의 성격을 가진다.

이는 다시 말해서 문명모순이 한국 사회의 최상위에 자리 잡고 있으면서 모든 하위의 개별 모순들에 침투하여 그것을 변형시키고 굴절시킴을 의미한다. 따라서 한국 사회의 계급모순은 발달한 자본주의 사회의 계급투쟁이라기보다는 차라리 반근대주의 투쟁에 가까우며 민족모순은 전근대적인 배타적 종족주의의 현대판으로 나타난다. 심지어 젠더모순조차도 종족주의와 가부장제에 포섭되어 여성해방을 희화화하는 형태로 변형되기조차 한다.

---

11 모택동, 김승일 옮김, 『실천론·모순론(외)』, 범우사, 2021, 80쪽

12 문명모순과 하위모순들 간의 교차성(intersectionality) 문제에 대해서는 다음을 참조: 최 범, 『문제는 근대다』, 기파랑, 2023, 26~27쪽

이처럼 한국 사회의 모든 모순들은 근대와 전근대의 문명모순으로부터 자유롭지 않으며 심지어 근대에 저항하는 반근대운동의 형태에 가까운 모습으로 나타나기까지 한다. 따라서 이러한 문명모순에 눈을 감은 채 한국 사회의 여러 개별 모순들을 이해하는 것은 불가능하다. 심지어 거기에서 서구적 기준에 따르는 순수한 형태를 찾고자 하는 것은 거의 망상에 가깝다.

한국 문명의 궤적

한국 문명의 시기 구분

고대문명기(기원전 1세기 이전)

-유라시아 북방문명권

-제정일치 사회

-부족국가 형성

-종교: 샤머니즘

중세문명기(기원전 1세기 이후)

-고조선 멸망/ 한사군 설치

-율령국가 성립

-중국화(sinonization)/ 동아시아 문명권 편입

-종교: 불교와 유교

근대문명기(19세기 말 이후)

-개항/ 식민지

-근대국가 수립

-서구화(westernization)/ 근대문명권 편입

-종교: 기독교 외

나는 한국 문명의 궤적을 대체로 이렇게 정리한다. 인류의 역사가 문명전환의 역사였듯이 한국의 역사도 문명전환의 역사이다. 한국사에서는 크게 두 차례의 문명전환 과정이 있었다. 이를 좀 더 자세히 설명하면 다음과 같다.

1차 문명전환: 고대에서 중세로

한국의 중세는 기원전 1세기 한사군 설치로부터 1876년 개항까지 대략 2천 년간이다. 동아시아 문명의 일원으로서 중국의 영향권 하에 있었던 시기이다. 그 이전은 고조선으로서 한국의 고대라고 할 수 있고, 그 이후는 근대인 셈이다. 역사학자 김용섭은 한국의 고대를 소세계 문명권, 중세를 중세계 문명권, 근대를 대세계 문명권이라고 부른다.[13] 김용섭이 대·중·소로 구분했지만, 이는 고대에서 근대로 올수록 문명의 보편성이 확대되어 감을 의미한다. 문명이라는 것 자체가 한 시대의 보편이기는 하다. 그러나 한 시대의 보편(문명)은 새로운 보편(문명)의 등장에 의해 특수가 되고 만다. 물론

13 "한민족의 제1차 문명전환의 과정은 위에서와 같은 알타이어계 북방민족의 고조선 문명이 중국의 천하 체제에 들어가고 중국문명, 유교사상을 수용하며 그것을 보편적 가치로 인정하고 그 속에 살아가게 되는 과정이었다. 다시 말하면 이때의 문명전환은 한민족의 문명이 고조선이라고 하는 소(小)세계 문명권에서 중국문명이 중심이 되는 동아시아 중(中)세계 문명권으로 편입되는 과정이었다... 그러면서도 제1차 문명전환은 한민족이 강대한 군사력으로 무장한 중국문명의 충격, 문명전환의 시대적·상황적 필요성에서 오는 정신적 압력, 국제 정세의 격변에 따라 전개되는 천하 체제·천하화 정책의 변동 등에 적절히 대응하면서 장구한 세월에 걸쳐 점진적·단계적으로 고조선 문명의 정신적 바탕 위에 새로 수용하는 중국문명의 높은 학문 사상을 결합하는 가운데, 한민족의 고유 문명을 새로운 차원의 통합문명으로 재창출해나가는 과정이 되기도 하였다." 김용섭, 『동아시아 역사 속의 한국문명의 전환』, 지식산업사, 2015, 114~115쪽

문명이 반드시 그렇게 보편의 확대라는 일방향으로만 진화되어간다고 볼 수 없을지라도, 적어도 이제까지의 역사로 볼 때 그러한 경향을 띠어온 것은 부정할 수 없는 사실이라 하겠다.

2차 문명전환: 중세에서 근대로

한국의 근대는 1876년 개항을 기점으로 현재까지 150년간이다. 이는 김용섭의 표현에 따르면 중세계 문명권으로부터 대세계 문명권으로의 이행이다. 근대로의 문명전환은 서구화이기도 하고 해양화이기도 하고 세계화이기도 하다. 근대문명은 최초의 세계문명이다. 중세까지의 문명은 지역문명들이었다. 동아시아의 유교문명, 중동의 이슬람문명, 유럽의 기독교문명이 그렇다. 하지만 근대문명은 비록 서유럽에서 발생했지만, 지난 500년간에 걸쳐 서서히 다른 지역으로 퍼져나갔고, 그리하여 마침내 세계문명이 되었다. 따라서 한국의 근대화는 한국이 중세의 지역문명에서 벗어나 세계문명으로 편입되는 과정이다.

문명의 지배와 영향

일본은 한국을 고작 40년간 지배했지만, 중국은 무려 2천 년간 한국을 지배하고 괴롭혔기 때문에 더 나쁘다고 말하는 사람들이 있다. 하지만 역사를 그렇게 보면 안 된다고 생각한다. 중세 2천 년간 한국은 중국의 침략과 지배도 받았지만 우월한 문명을 전수받고 도움을 받은 부분도 많았기 때문이다. 중국의 지배는 결코 일방적이지 않았으며 우리 스스로 자발적으로 받아들인 면도 적지 않다.

역사를 그처럼 일방적인 가해와 피해의 과정으로 보아서는 안 된다. 일본의 식민 지배 역시 마찬가지이다. 문명은 침략과 지배와 종속과 동의와 흡수와 교류를 포함한 복합적인 과정이기 때문이다. 한국의 중세만이 아니라 근대 역시 그렇게 보아야 한다. 한국의 근대가 서양과 일본의 침략으로 시작된 것은 맞지만, 그것은 이야기의 출발일 뿐 전부가 아니다. 일방적인 피해의식에서 벗어나야만 역사와 문명이 제대로 보인다. 페르낭 브로델은 이렇게 말한다.

"문명이 다른 문명에서 유입된 요소들을 반길 수도 있고 거부할 수도 있듯이 과거에서 전해진 것을 받아들일 수도 있고 거부할 수도 있다. 다만 그 선택이 아주 느리게 진행되어서 의식되지 않거나 일부만 의식된다. 그래서 문명은 그 나름의 과거를 부분적으로 '공유'하면서 조금씩 변해 간다. 문명은 먼 과거나 가까운 과거에서 전해진 자료와 태도를 번갈아 가며 어떤 것은 강조하고 다른 것은 밀어낸다. 그 결과 문명은 완전히 새롭지도 않지만 예전과 같지도 않은 모습을 갖추어간다."[14]

한국의 문명 역시 다르지 않다. 다만 페르낭 브로델이 지적했

14 페르낭 브로델, 김지혜 옮김, 『문명의 문법』, 서커스, 2023, 58쪽

듯이 역사에는 변화와 지속의 양면이 있다. 한국의 문명과 문명전환에도 변하는 것과 변하지 않는 것이 공존한다. 이러한 역사의 중층성을 제대로 볼 때 한국의 어제와 오늘을 비교하여 이해할 수 있을 것이다. 한국의 근대가 문명전환으로서의 변화에 해당된다면 한국의 전근대는 지속으로서 의외로 끈질기게 이어지고 있다. 이러한 문명의 지속과 변화를 동시에 보고자 하는 것이 바로 앞에서 언급한 문명모순론이다.

한국 사회와 문명의 층 구조

문명전환의 역사는 통시적이지만 그러한 변화의 결과는 지금 여기에 공시적 구조로 존재한다. 각 문명의 흔적들이 역사의 지층으로 남아서 누적되어 있기 때문이다. 현재 한국 사회에서 관찰 가능한 문명의 층 구조를 대략 다음과 같이 도식화할 수 있다.

- 표층(表層): 근대적인 제도와 물질(민주주의와 자본주의)
- 중층(中層): 중세적 관계(봉건주의)
- 심층(深層): 원시적인 심성(샤머니즘)

나는 한국 사회가 이러한 3중 구조로 이루어져 있다고 생각한다. 그러니까 문명의 관점에서 볼 때 오늘날 한국 사회는 단일한 층으로 이루어져 있지 않다. 중요한 것은 이러한 중층(重層) 구조가 어떻게 절합[15]되어 한국 사회의 전체상을 이루는가 하는 것이 되겠다. 따라서 이러한 문명의 중층성이 오늘날 한국 사회를 어떻게 중층결정[16]하는가를 아는 것이 중요하다. 맨 위의 표층으로부터 심층으로 내려가면서 각 특질을 살펴보면 다음과 같다.

---

15 절합(articulation)은 서로 다른 요소가 결합하여 하나로 작동하는 것을 말한다. 마치 인체의 마디들이 하나의 관절에 붙어서 운동을 하는 것처럼.

16 중층결정(over-determination)은 원래 프로이트의 정신분석학에서 나온 말로, 몇 개의 독립된 혹은 관계된 원인들의 결과가 하나의 상징이 되는 과정인데, 꿈이 바로 중층결정된 것이다. 꿈은 하나의 의미와 관련된 것이 아니라 몇 개의 상호 관련된 자료의 의미들의 집합이기 때문이다.

표층: 근대적인 제도와 물질

현재 한국 사회의 외형과 공식적인 제도는 모두 근대적인 것이다. 정치경제는 물론이고 사회문화 전 영역에 걸쳐서 그렇다. 하지만 이러한 근대적인 제도는 아직 한국 사회의 내면에까지 침투하지는 못하고 있다. 근대적 제도는 한국인의 원시적 심성과 봉건적인 사회적 관계 위에 살짝 덮여 있다고 말하는 것이 정확할 것이다. 무엇보다도 민주주의와 자본주의를 핵심으로 하는 한국의 근대적 제도는 도구적인 것에 지나지 않을 뿐, 그에 걸맞은 사회문화적 내용을 갖추고 있지 못하다고 해야 할 것이다. 이제까지는 샤머니즘, 중세 사회, 근대에 대한 연구가 각각 따로 이루어져왔다. 하지만 앞으로는 이러한 3중 구조가 어떻게 절합되어 전체적으로 한국 사회를 구성하고 또 재생산되고 있는가에 초점을 맞춰 비판적으로 접근해야 할 것이다.

중층: 중세적 관계

사회는 객관적인 실체(콩트)라기보다는 인간들 간의 상호작용(뒤르켐)이라는 관점에서 볼 때 중요한 것은 그들이 맺고 있는 '사회적 관계'일 것이다. 한국인들이 맺고 있는 사회적 관계의 지배적인 양상은 여전히 봉건적이라고 할 수 있다. 이는 중세 사회의 특징인데, 인간과 인간의 질적 차이(!)에 근거한 수직적 권위주의를 그 핵심 내용으로 한다. 특히 조선의 성리학은 지식-권력을 장악한 지배계급의 이데올로기로서 이를 사회의 전면적인 지배 원리로 삼았다. 오늘날에도 한국 사회를 실질적으로 지배하는 것은 이러한 사회적 관계이다. 조선 성리학의 영향은 아직도 절대적이다. 그런 점에서 한국인들이 맺고 있는 사회적 관계는 수평적인 개인 간의 계약이 아니라 사회적 거리에 따른 수직적 질서에 기반 한다는 점에서 근대적이라기보다는 중세적이다.

심층: 원시적 심성

한국인의 의식의 밑바닥에는 샤머니즘이라는 원시적 심성이 깔려 있다. 사실상 이것이 한국의 기저 사상이라고 보아도 좋다. 샤머니즘의 핵심은 길흉화복인데, 세계를 모두 유불리(有不利)의 관점에서 보는 것이다. 그러니까 내게 복(福)을 주는 것은 좋은 것이고 화(禍)를 주는 것은 나쁜 것이라고 보는 것이다.(기복신앙) 이것은 사실 인간에게 원초적인 감정이라고 할 수 있는데, 다만 각 문명은 이것을 실현하는 방식에 따라서 구별될 뿐이다. 불교나 기독교 같은 고급종교는 이러한 욕망을 고차원적인 수준에서 해결하려고 한다는 점에서 샤머니즘의 원초성과는 다르다. 그러니까 샤머니즘에는 그러한 초월적 차원이 없다. 이미 많은 사람들이 지적했듯이, 한국의 불교와 성리학, 기독교는 모두 이러한 샤머니즘의 기초 위에 서 있다고 할 수 있다. 샤머니즘의 세계관은 개별적이고 파편적이어서

이 세상의 모든 일들은 일회적으로 일어나고 일회적으로 사라진다고 본다. 따라서 샤머니즘에는 세계의 일관된 본질에 관한 고민이 없으며 모든 일들은 내게 좋거나 나쁘거나 둘 중 하나일 뿐이다. 이러한 샤머니즘이야말로 세속적 물질주의로서 갈등회피 성향의 한국인에게 최적화된 세계관일지도 모른다.

역사적 지층의 역학

문제는 이러한 한국 사회의 층 구조가 만들어내는 역학(力學)이다. 한국인의 의식을 지배하고 있는 샤머니즘과 유교는 역사적으로 형성된 정신의 지층이다. 샤머니즘은 고대, 유교는 중세의 산물이다. 한국의 고대인 고조선은 샤먼에 의한 주술통치 시대였다. 단군이 곧 무당이었다. 역사학자 김용섭이 태반문명이라고 부르는 한국의 고대는 단군이라고 불리는 제사장이 지배한 시대로서 중국의 하은주대에 해당된다.

한국의 중세는 중국으로부터 유교가 들어와 정착한 시기라고 볼 수 있다. 고조선을 멸하고 한사군을 설치한 한(漢)제국이 바로 중국 역사에서 처음으로 유교를 통치 이념으로 삼은 왕조였다. 이는 로마제국이 기독교를 국교로 삼은 것에 비유할 수 있다. 물론 이 시기에 불교도 들어왔지만, 무속이나 유교와 습합(習合, 'syncretism', 두 가지 이상의 다른 종교나 사상이 서로의 장점을 받아들여 조화롭게 융합하는 현상)되어버리지 않았나 생각된다. 한국의 근대는 이미 언급했다시피 주로 제도적이고 물질적인 면에 한정되지 정신에까지 침투하지는 못했다. 그래서 오늘날에도 여전히 한국인의 의식을 지배하는 것은 근대적 합리성이 아니라 샤머니즘의 주술성과 유교적인 도덕주의이다.

레이먼드 윌리엄스는 한 시대의 문화를 단일하고 고정적으로 파악해서는 안 된다고 하면서, 나름 문화의 동학을 제시한다. 한 시대의 문화에는 '잔여적인 것(the residual)'과 '지배적인 것(the dominant)'과 '부상하는 것(the emergent)'이 공존한다는 것이다. 그러니까 어느 시대나 이 세 가지의 동학에 의해 문화가 움직이고 있다는 것이다.

현재 한국 문화를 레이먼드 윌리엄스식으로 분석해보면 어떻게 될까. '잔여적인 것'은 무엇이고, '지배적인 것'은 무엇이며, '부상하는 것'은 무엇일까. 나는 샤머니즘과 유교 둘 다 지배적이라고 보는데, 그래도 샤머니즘이 비교적 비공식적인 것이라는 점에서 잔여적인 것이라고 볼 수도 있겠다.[17] 그에 비하면 유교는 단연 지배적이다. 한국인이 스스로 어떻게 생각하든지 간에 오늘날 한국인의 의식을 지배하는 것이 유교임은 의심할 수 없이 분명하다.

근대적 합리주의는 샤머니즘과 유교 위에 살포시 얹혀 있는 것에 불과하다는 점에서 '부상하는 것'이라고 볼 수 있다. 구한말의 개

17 최준식은 무속을 무교(巫敎)라고 부르는데, 무교가 한국의 기층문화의 핵을 이루고 있음에도 불구하고 미신으로 천대받고 있는 것은 권력의 자리에서 멀어져 있기 때문이라고 신난한다. 이것은 일본의 기층신앙이라고 할 수 있는 신토(神道)가 메이지 시대에 국교의 자리에까지 오른 것과 비교하면 커다란 차이라고 할 수 있다. 최준식, 『무교-권력에 밀린 한국인의 근본신앙』, 도서출판 모시는사람들, 2009. 참조

항 이후 한국 사회도 근대화되었고 따라서 오늘날 한국 사회의 외형은 전부 근대적이다. 하지만 그러한 공식적이고 제도적인 외양을 한 꺼풀만 벗겨보면 거기에는 여전히 샤머니즘과 유교가 똬리를 틀고 있음을 알 수 있다. 그런 점에서 샤머니즘과 유교를 빼고 한국 사회를 설명하는 것은 불가능하다. 한국 사회의 심층을 이루고 있는 샤머니즘은 페르낭 브로델식으로 말하면 거의 변하지 않는 구조이며, 그런 점에서 '문명은 장기지속의 감옥'이라는 브로델의 말처럼 한국인은 샤머니즘과 유교라는 감옥에 갇혀 있는 수인(囚人)이라고 할 수도 있다.

한국인의 빨리빨리 문화의 뿌리는 무속(무교)에 있다. 무속은 삶의 문제를 표층 차원에서 빨리 해결하는 데 관심이 있으며(기쁜 일이든 슬픈 일이든 모두 화끈하게!), 문제의 심층을 진득하게 파고 들어가는 법이 없다. 이러한 심성 속에서는 인간사의 모든 것이 한 번 발생하고 한 번 소멸되는 현상일 뿐이며, 어떤 세계의 필연성이나 궁극적인 목적 같은 것은 인식되지 못한다.(신은 없다!) 그래서 한국 사회의 모든 문제들은 발본색원되지 못하고 끊임없이 반복된다. 그리하여 무속은 한국인의 삶을 일희일비하는 경험 속에 가두어두는 장기 지속의 감옥이 된다. 따라서 흔히 '은근과 끈기의 민족'이라 알려진 한국인의 기질이야말로 가장 잘못된 신화에 다름 아니다. 물론 농경사회는 한국인의 삶의 리듬을 느리게 만들고 산업사회는 빠르게 만들었지만, 세계에 대한 표피적 이해와 더불어 삶의 모순과 갈등을 조급하게 해결하려는 한국인의 태도는 근본적으로 무속에 뿌리를 두고 있다고 보아야 한다.

아무튼 오늘날 한국 사회는 우리가 생각하는 것 이상으로 복잡한 정신적·문화적 층 구조를 이루고 있다. 따라서 한국 사회의 외형을 이루고 있는 근대적 제도와 물질만으로 한국 사회를 판단하는 것은 인식의 왜곡을 초래한다. 이데올로기에 공백은 없다. 샤머니즘과 유교는 저절로 사라지지 않는다. 그것은 근대적 합리성이 한국 사회의 지배적인 원리로 자리 잡을 때 비로소 역사의 지층 아래로 내려갈 것이다. 레이먼드 윌리엄스식으로 말하면 샤머니즘과 유교와 합리주의는 오늘날 한국 문화의 세 가지 축을 이루면서 역동적인 구조를 보여준다고 할 수 있다. 한국 사회에 대한 분석이 한결 치밀해져야 하는 이유이다.

한국 사회는 이러한 삼중 구조로 이루어져 있기 때문에, 어느 하나의 층이 약해지면 다른 층이 그 층을 뚫고 나오게 되어 있다. 마치 의식의 층위가 약해진 틈을 뚫고 무의식이 솟아난다고 프로이트가 말한 것처럼. 대한민국 초기(1948~79)는 미국이 세팅해준 근대 층위가 비교적 지배적이었다면, 그러한 근대적 체제가 피로감을 느끼고 약해진 1980년대부터는 전근대 층위가 그것을 뚫고 솟아나왔다고 할 수 있다. 한국 민주화운동의 동력은 기본적으로 반근대적 충동이다. 한국의 민주화운동은 전근대적인 농촌 공동체를 이상적인 모델로 삼는 유사 사회주의 기획이기 때문이다. 그런 점에서 민주화운동은 권위주의 체제에 대한 도전이기는 했지만 그렇다고 해서 자유민주주의 운동이었던 것도 아니다. 그것은 또 다른 차원의 반민주주의로서 반근대적이었다.

이른바 민주화가 진행되자 이번에는 고대 층위가 근대와 중세 층위를 뚫고 솟아났다. 박근혜, 문재인 시기는 주술에 기반 한 고대적 심성이 한국 사회의 표면으로 올라오면서 지배적이 된 퇴행기이다. 어떤 점에서 '억압된 것의 귀환'이라고 부를 수도 있겠다. 고대와 중세와 근대라는 한국 사회를 형성하고 있는 각기 다른 사회문화적 지층들은 어느 하나도 완전히 사라지지 않고 언제까지나 한국 사회의 문화적 복합체로서 존속할 것이다. 이들 중에서 어느 하나만을 보아서는 한국 사회를 이해할 수 없다. 다만 어느 층위가 다른 층위를 억압하고 지배하는가에 따라서 한국 사회의 성격이 달라질 뿐이다.

그런 점에서 지난 70여 년간의 한국 역사는 이 세 가지의 층위가 역동적인 변화의 모습을 보여준 과정이었다고 할 수 있다. 그중에서도 지난 30여 년간의 이른바 민주화운동 시기는 근대적 질서를 뚫고 나온 고대적 심성(샤머니즘)과 중세적 관계(봉건주의)가 다시 한국 사회를 지배한 시간이었다. 한국이 근대사회가 되려면 이러한 고대적 심성과 중세적 관계를 무의식의 층위로 돌려보내고 억압해야 한다. 그리하여 합리주의라는 근대적 층위가 우리의 의식을 지배해야 한다.

한국 근대의 성격

02

한국 근대의 구조

한국 근대 인식의 맹점

한국 근대를 인식하는 데 가장 큰 걸림돌은 한국 근대를 근대로만 보는 것이다. 이러한 역설이 성립되는 것은 한국 근대가 근대로만 이루어져 있지 않기 때문이다. 그럼 한국 근대는 무엇으로 이루어져 있는가. 그것은 근대와 '근대 아닌 것'의 결합으로 이루어져 있다. 한국 근대는 근대와 '근대 아닌 것'의 이종교배인 것이다. 따라서 한국 근대를 이해하기 위해서는 근대와 '근대가 아닌 것'을 함께 볼 수 있어야 한다. 이러한 한국 근대의 이질성과 복합성, 중층성을 그 자체로 똑바로 볼 때 한국 근대에 대한 객관적 인식이 가능하다.

하지만 한국 근대에 대한 대부분의 인식은 한국 근대를 근대라는 지평 위에서만 보려고 하기 때문에 객관적 인식에 실패한다. 물론 한국 근대의 외형, 즉 제도적·공식적 영역은 근대적인 모습을 하고 있다. 하지만 한국 근대의 내면, 즉 비제도적·비공식 영역은 근대적이라기보다는 전근대적인 것에 가깝다. 말했듯이 한국 근대는 이처럼 근대와 '근대 아닌 것'의 이종교배의 산물이기 때문이다. 따라서 한국 근대의 전근대성을 외면·무시하고 근대적인 외양에만 관심을 집중한다면 한국 근대의 정확한 모습을 알 수 없다. 인식이 현상의 표층에만 머물러서는 안 된다. 학문적 인식은 표층을 뚫고 그

안에 있는 심층을 포착해야 하기 때문이다. 그럴 때만이 대상에 대한 객관적·심층적·종합적 인식이 가능해진다.

그런데 이제까지 한국 근대에 관한 연구는 모두 표층적이었으며, 그런 점에서 제대로 된 학문적 인식의 수준에 도달하지 못했다. 그것들은 모두 한국 근대의 외면, 즉 제도적이고 공식적인 측면에만 머물렀을 뿐 한국 근대의 내면과 심층에는 가닿지 못했기 때문이다. 그런 점에서 기존의 한국 근대연구는 식민지적이라고 할 수 있다. 그것은 서구 근대의 관점을 무비판적으로 추종하면서 한국 현실에 그대로 대입했을 뿐 한국 근대의 실상을 자신만의 관점으로 객관적이고 투명하게 보지 못했기 때문이다. 인류학자 조혜정의 말도 그런 의미에서 한 것이라고 할 수 있다.

"좋은 사회란 어떤 면에서 그 사회의 지식인들이 만들어내는 이론이 현실을 보다 잘 보게 하는지 아닌지에 달려 있다. 현실과 유리된 이론으로 먹고사는 지식인이 많을수록 그 사회는 문제가 있는 사회인 것이다. 달리 말해서 이론과 실천이 유리된 생활을 하는 지식인이 많은 사회는 자체 내 문제를 제대로 풀어가지 못하는 사회이다. 나는 여기서 '자신의 문제를 풀어갈 언어를 가지지 못한 사회, 자신의 사회를 보는 이론을 자생적으로 만들어 가지 못하는 사회'를 '식민지적'이라고 부르고자 한다."[18]

18 조혜정, 『탈식민지 시대 지식인의 글 읽기와 삶 읽기 1』, 또하나의문화, 1992, 22쪽

그러니까 한국 근대를 외형, 즉 제도적이고 공식적인 관점으로만 본다는 것은 서구적인 관점으로만 한국 근대를 본다는 것이고 그런 점에서 그것은 곧 식민지적이라는 것이다. 이러한 시각은 한국 근대가 갖고 있는 이질성과 모순을 이해하지 못하고 서구 근대와의 동일성으로 환원된 납작한 인식을 낳는다. 따라서 한국 근대를 입체적으로 이해하기 위해서는 바로 그것의 복합성을 마주해야 한다. 다시 말해서 한국 근대가 갖는 근대성과 비근대성(전근대성+반근대성)의 모순결합을 직시해야 한다는 것이다. 달리 말해서 한국 근대의 특수성을 이해해야 한다는 것이다.

한국 근대가 서구 근대와 다른 점은 한국 근대가 서구 근대와 다른 길을 걸어왔기 때문이다. 이것이 한국 근대의 특수성을 낳은 직접적인 계기이다. 따라서 한국 근대의 특수성을 알기 위해서는 먼저 한국 근대화의 경로를 알아야 한다. 한국 근대의 특수성을 산생(産生)한 그 구조적 경로에 대해서 말이다.

근대화의 경로와 근대성의 정초

한국 근대를 이해하기 위해서 가장 먼저 짚어야 할 것은 근대화의 경로이다. 다시 말해서 한국의 근대화는 어떤 경로로 이루어졌는가 하는 것이다. 왜냐하면 근대화의 경로가 곧 근대성을 정초(定礎)하는 계기가 되기 때문이다. 물론 역사는 계속 변화, 발전한다. 그렇기 때문에 어떤 사건의 출발만으로 그 과정과 귀결을 모두 설명할 수는 없다. 하지만 적어도 어떤 사건이 어떠한 조건 속에서 어떠한 경로를 통해서 정초되었는가를 아는 것은 역사적 사건의 성격을 이해하는 출발점이자 열쇠가 된다. 따라서 한국 근대화의 경로는 한국의 근대성을 결정짓는 일차적 조건으로서 구조적 중요성을 가진다. 경로의존성이라는 말이 있듯이, 이렇게 정초된 한국의 근대성은 이후에도 반복되면서 지속적인 효과를 발휘하게 마련이다.

그러면 한국의 근대성을 정초한 경로는 무엇이었나. 그것은 외부성(externality)과 하향성(top down)이다. 외부성이란 한국의 근대화가 외부의 영향에 의해 시작되었다는 것이고 하향성은 한국의 근대화가 소수의 엘리트에 의해 위로부터 아래로 추진되었다는 것이다. 다시 말해서 한국의 근대화는 외부로부터의 근대화이자 위로부터의 근대화이다.

한국의 근대화가 외부로부터의 영향에 의해 시작되었다는 것은 자명한 사실이다. 물론 이와 관련해서는 이른바 '내재적 발전론'과 '식민지 근대화론'의 대립이 있다. 간단히 말해서 '내재적 발전론'은 한국의 전근대, 즉 조선 사회 자체 내부에 근대로 발전할 수 있는 조건, 즉 맹아(萌芽)가 있었다고 본다. 하지만 이것이 일제의 식민 지배로 인해 짓밟혔다고 보는 것이다. 만약 식민 지배가 없었다면 한국의 근대화는 외부가 아니라 내부에 의해 시작되었을 것이라고 한다. '식민지 근대화론'은 이를 부정한다. '식민지 근대화론'은 조선 사회는 근대로 발전할 수 있는 내부적 조건을 갖추지 못했으며, 한국의 근대화는 말 그대로 식민지를 통해서 외부로부터 이식

될 수밖에 없었다는 것이다.

'내재적 발전론'과 '식민지 근대화론'은 한국 근대사와 관련된 대표적인 논쟁으로 비교적 잘 알려져 있는 만큼 자세히 다루지는 않겠다. 다만 두 가지만 지적해두고 싶다. '내재적 발전론', 일명 '자본주의 맹아론'은 비록 조선 사회 내에 근대적 씨앗이 있었다고 하더라도, 그 이유가 무엇이었든지 간에 그러한 근대적 씨앗이 발아되지 못했다는 점에서 결국 자생적 근대화는 사실로서 부정되는 것이고, 그런 점에서는 '식민지 근대화론'과 같은 결론에 도달할 수밖에 없는 것이다. 따라서 '내재적 발전론'과 '식민지 근대화론'의 유일한 차이점이라면 한국 사회의 내부에 근대로의 가능성이 '있었다'와 '없었다', 이것밖에 없는 것이다. 이것은 사실상 역사 논쟁이라기보다는 도덕 논쟁에 가깝다. 이유가 무엇이든 간에 주체적으로 근대화하지 못한 것은 똑같기 때문이다. 특히나 '내재적 발전론'은 식민사학 극복이라는 학문 외적인 목표에 복무한 이론이라는 점에서 역사적 사실에 관한 목적론적인 왜곡이 아닐 수 없다.

또 하나는 '내재적 발전론'이든 '식민지 근대화론'이든 모두 근대화의 기준을 경제적인 것에만 둔다는 것이다. 한국의 근대가 자생적인가 아닌가의 기준을 자본주의 시장 경제의 존재유무에서 찾으려고 한다는 점에서 사실상 '내재적 발전론'과 '식민지 근대화론'은 둘 다 경제주의 담론의 틀을 벗어나지 않는다. 그런 점에서 역시 '내재적 발전론'과 '식민지 근대화론'의 대립은 자본주의 이행 논쟁을 벗어나지 못한다. 그리고 당연히 근대란 경제적인 것만이 아니라 정치적인 것, 사회적인 것, 문화적인 것을 포괄하는 전(全)사회적이고 총체적인 사태를 이름이다. 이것이 문명이다. 우리는 지금 문명으로서의 근대를 이야기하고 있다.[19]

'위로부터의 근대화'에 대해서는 정치학자 최장집의 말로 대신할 수 있을 듯 싶다.

"그러나 흥미로운 것은 이처럼 대중의 참여가 배제된 가운데에서도 국가 형성, 산업화 그리고 민주화에 이르는 거시적 변화가 이루어져 왔다는 점이다. 대중의 참여 없이 엘리트가 중심이 되어 개혁이 이루어졌다는 의미에서, 나는 한국 정치의 특징 가운데 하나를 안토니오 그람시와 배링턴 무어의 개념을 빌어 '수동혁명' 또는 '위로부터의 혁명', '보수적 근대화'라고 정의한 바 있다. 여기에 한 가지를 덧붙여야 할 것 같다. 그것은 '보수적 민주화'이다. 강한 냉전 반공주의 이데올로기, 재벌이 지배하는 경제 구조, 거대한 국가 관료제 등 권위주의에 친화적인 사회 구조 혹은 민주화를 허용할 것 같지 않은 조건에서도 민주화는 이루어졌다."[20]

문명의 발상지이자 중심이 아닌 이상 모든 문명은 외부로부터 유입된다. 한국의 근대 역시 마찬가지이다. 한국의 근대는 외부로부터 주어진 것이었다. 그리고 그것이 시간이 지나면서 점점 내부

19 한국 근대 담론의 지형에 대해서는 다음을 참고할 것. 최 범, '한국 근대 담론의 진개: 구조에서 주체로', 『문제는 근대다』, 2023.

20 최장집, 『민주화 이후의 민주주의』, 후마니타스, 2002, 203쪽

화·토착화되어간다. 말하자면 문명의 외부화로부터 내부화로의 전환인 것이다. 물론 여기에는 오랜 시간이 걸리며 몇 단계의 과정을 밟게 될 것이다. 나는 이를 일찍이 세 단계로 구분한 적이 있다. 1) 근대 저항기, 2) 근대 수용기, 3) 근대 창조기가 그것이다.[21]

이렇게 볼 때 근대화 150년에 불과한 현재는 '근대 저항기'에 해당되며, 이는 말 그대로 근대에 대한 저항이 여전히 지배적인 단계라고 볼 수 있다. 다만 여기에서 저항이란 정신적·심리적 상태를 가리킨다. 그러니까 근대화 150년 동안 한국 사회는 제도적·물질적으로는 거의 완전하게 근대화되었다고 할 수 있다. 따라서 '근대에의 저항'이란 제도적·물질적 차원에서가 아니라 문화적·정신적 차원에서라고 할 수 있다. 제도적·물질적으로는 근대화되었지만 문화적·정신적으로는 근대화되지 않고 여전히 근대화에 저항하고 있다는 말이다. 바로 이러한 불균형, 즉 근대에의 제도적·물질적 수용과 문화적·정신적 거부의 공존이 한국 근대의 1단계인 '근대 저항기'의 성격이 되겠다. 이것이 바로 외재적 근대화와 내재적 반근대화의 이종교배이며, 한국적 근대화의 모델인 '동도서기(東道西器)'의 실상이다.

근대와 전근대의 이종교배

앞서 말한 것처럼 한국의 근대는 매우 뚜렷한 구조적 특징을

21 최 범, 『문제는 근대다』, 34~41쪽 참조.

보여준다. 그것은 근대성과 전근대성의 이종교배이다. 다시 말해서 한국의 근대는 근대성만으로 이루어져 있지 않고 광범위하고도 강력한 전근대성의 현존으로도 이루어져 있다는 것이다. 이처럼 한국의 근대는 근대와 전근대가 공존한다는 점에서 이종적(異種的)이며 이렇게 이종적인 것이 하나로 결합되어 있다는 점에서 모순적이다. 여기에서 근대적인 것은 주로 제도적이고 물질적인 측면으로서 외재적인 것에 속하고 전근대적인 것은 주로 문화와 정신적인 측면으로서 내재적인 것에 속한다는 것을 이미 지적한 바 있다. 한마디로 물질적 근대성과 정신적 전근대성의 결합이 한국 근대의 성격이라는 것이다.

한국의 근대가 이런 성격을 보이는 것은 앞 절에서 설명한 한국 근대화의 경로 때문이다. 즉 외부로부터, 위로부터의 근대화는 아무래도 제도와 물질 중심으로 이루어질 수밖에 없는 반면, 내부로부터, 아래로부터의 문화와 정신의 근대화는 그에 따르지 못하고 지체되는 것이다. 한마디로 불균등 발전이며 '문화지체'요 '비동시적인 것의 동시성'이라고 부를 수밖에 없다. 그런데 사실 이런 구조는 생각해보면 전혀 놀랍지 않다.

"한 사회를 이루는 여러 영역들이 전혀 무관하게 움직일 것이라고 생각하는 것은 상식적이지 않겠지만, 한 사회를 이루는 여러 영역들이 하나가 되어 유기적으로 움직일 것이라는 전제도 알고 보면 과학적이지 않다. 대한민국은 사회를 이루는 여러 영역들이 완전히 따로 움직일 수도 있다는 것을 보여주는 구체적인 실증사례이기 때문이다. 대한민국 역사에 대한 진정한 일식현상은 바로 이처럼 정치경제적 근대성의 외형에 가려져 사회문화적 전근대성의 현실에 눈이 멀어버리는 것이 아닐까."[22]

그런 점에서 보면 한국의 근대화는 근대화 과정이자 동시에 전(前)근대화/비(非)근대화/반(反)근대화 과정이라고도 할 수 있다. 이러한 근대성과 전근대성의 문명모순 구조는 마치 전극(電極)의 N극과 S극처럼 서로를 밀어내며 작동한다. 한국의 근대화는 근대화와 반근대화라는 양극의 작용으로 인해 그렇게 서로를 밀어내고 부정하면서 매우 격렬하게 요동치는 운동을 보여준다.

"문명에는 외양으로 드러나는 사물과 내부에 존재하는 정신의 두 가지의 분별이 있다. 외부의 문명은 이를 취하기에 쉽고, 내부의 문명은 이를 찾기에 어렵다. 나라의 문명을 도모하기 위해서는 그 어려운 것을 우선적으로 하고 쉬운 것을 나중에 하여, 어려운 것을 받아들일 적마다 따라서 충분히 그 깊음과 얕음을 헤아려, 반듯이 여기에 쉬운 것을 시행하여서 바르게 그 깊고 얕음의 정도에 맞도록 해야 할 것이다. 만약 혹은 이 순서를 그르쳐서, 아직 그 어려운 것을 얻지 않고서 우선 쉬운 것을 시행하고자 하였을 경우에는, 단지 그 도움이 되지 않을 뿐 아니라 오히려 해를 끼치는 경우가 많

22 최 범, 『이상한 나라, 대한민국』, 기파랑, 2024, 174쪽

다."[23]

후쿠자와 유키치의 발언은 놀랍다. 정곡을 찌르기 때문이다. 하지만 문제는 그렇게 하기가 어렵다는 점이다. 한국의 근대가 그것을 잘 보여준다. 이런 지적은 어떻게 받아들여야 할까.

"근대라는 개념은 본래 서구적 개념이다. 서구에서도 중세가 지속되는 한 근대는 없었으며 15, 16세기에 이르러 일련의 의식혁명이 중세적 전통으로부터의 탈출을 촉진시킴으로써 비로소 근대라는 새 시대가 열렸다. 이 구도가 아시아에 적용될 수 없다는 것은 명백하다. 아시아에는 서구에서와 같이 자연발생적으로 일어난 혹은 역사적 필연에 의해 유발된 근대적 문화혁명이 없었기 때문이다. 적어도 의식의 세계에서 아시아는 여전히 중세의 연속선상에 있다. 중세라는 말이 귀에 거슬린다면(이것도 서구가 만들어낸 역사 분류의 개념이므로) 전통이라는 말로 대치하자. 요컨대 아시아인의 의식은 유구한 역사를 통해서 전래된 그대로의 모습으로 머물러 있다. 범람하는 서양 문명으로 인해 그들의 의식 속에 혼란이 야기되고 때로는 심상치 않은 변화의 조짐이 나타난다 해도 그것이 이 기본적 구도를 바꿔놓지는 못할 것이다."[24]

23 후쿠자와 유키치, 임종원 옮김, 『문명론의 개략』, 제이앤씨, 2012, 34~35쪽

24 이 환, 『근대성, 아시아적 가치, 세계화』, 문학과지성사, 1999, 90쪽

이것이 바로 한국 근대의 문명모순의 원인이며 실상이다. 어떻게 할 것인가.

근대와 반근대

혁명이 혁명과 반혁명으로 이루어져 있듯이, 근대도 근대와 반근대로 이루어져 있다. 이것은 세상의 모든 운동이 작용과 반작용으로 이루어져 있는 것과 같다. 따라서 한국의 근대도 근대화라는 작용과 반근대화라는 반작용의 상호작용으로 이루어져 있다. 이것은 어떤 것이 옳고 어떤 것이 그르다고 하기 이전에 하나의 객관적인 운동법칙이고 엄연한 현실이다. 따라서 한국의 근대를 근대화라는 단일운동의 측면에서만 보는 것은 단견이다. 한국의 근대는 근대화 못지않게, 아니 그 이상으로 반근대화라는 작용으로도 이루어져 있기 때문이다. 어쩌면 근대화 150년이라는 아직 초기 단계에서 한국의 근대는 근대화 못지않게 반근대화가 더 강력하게 작용하고 있다고 보아야 할지도 모른다. 이는 한국의 전근대성이 단지 전근대성으로만 머무르지 않고 강력한 반근대성으로 작용한다는 것을 의미한다. 한국 사회의 전근대성은 결코 정지되어 있거나 사라지지 않는다. 한국 사회의 전근대성은 지금 현재도 시퍼렇게 살아 움직이면서 반근대화라는 형태로 끊임없이 재생산되고 활력을 유지하고 있다. 전근대성의 반근대화인 것이다. 이것은 한국 근대 문명모순의 핵심적인 작동방식이다.

전근대, 탈근대, 반근대

근대를 기준으로 볼 때 전(前)근대, 탈(脫)근대, 반(反)근대는 전부 근대가 아니라는 점에서 비(非)근대라고 할 수 있다. 다만 개념적으로 볼 때 전근대는 말 그대로 근대 이전(pre-modern), 탈근대는 근대 이후(post-modern)로서 같은 의미는 아니다. 전근대는 근대 이전의 중세를 가리키며 탈근대는 근대를 넘어선 상태를 가리키기 때문이다. 따라서 근대와 전근대, 탈근대는 모두 다르다. 하지만 개념적으로는 그렇지만, 한국적 현실에서 전근대와 탈근대는 그리 다르지 않다. 한국의 탈근대주의는 실제로는 전근대주의에 가까운 경우가 많다. 이 역시 한국 근대에 대한 편향된 인식에서 말미암는다. 즉 한국 근대를 서구 근대와 동일시하면서, 서구 근대의 극복을 의미하는 서구의 탈근대를 한국 근대에 그대로 대입하기 때문이다.

이제까지 누누이 지적했듯이, 한국 근대는 서구 근대와 다르다. 한국 근대는 근대와 전근대의 이종교배의 산물로서 굳이 말하자면 반쪽 근대라고 할 수 있다. 따라서 한국 근대를 서구 근대와 동일시하면서, 그 모순과 한계를 넘어서는 탈근대를 주장하는 것은 대부분 빗나간 현실 인식에 근거한 것이며, 따라서 그러한 주장 역시 과녁을 빗나가게 마련이다.[25] 더 심각한 것은 대부분의 한국적

25 예컨대 백낙청의 '근대의 이중과제론'은 근대의 적응과 동시에 극복을 이야기한다. 근대 적응은 근대의 긍정적인 면을, 근대 극복은 근대의 부정적인 면을 겨냥한 것일 터이다. 그러니까 근대의 긍정적인 면은 적응하고 부정적인 면은 극복하자는 것이다. 이는 근대의 비판적 수용론으로서 원론적으로는 맞는 말이다. 하지만 한국 근대의 현실에서 근대 적응은 곧 중세 극복을 의미하며 그런 점에서 근대 극복은 근대 적응의 추후 과제가 된다. 따라서 근대 적응과 근대 극복이라는 이중과제는 결국 근대와 탈근대의 이중

탈근대 주장이 사실상 한국적 전근대를 옹호하거나 정당화하는 기능을 한다는 사실이다. 그러니까 탈근대는 어떤 의미에서든지 근대를 벗어나고자 하는 시도이지만, 실제에 있어서는 근대 자체를 부정하다보니 근대를 극복하기는커녕 오히려 전근대를 긍정·옹호하는 결과를 낳기 일쑤이다. 근대에의 부정이 근대 극복이 아니라 근대 미달이 되어버리고 마는 것이다. 이 역시 근대 인식의 맹점이 빚어낸 반근대적 도착이라고 할 것이다.

예컨대 '근대적 이분법 넘어서기'라는 흔한 레토릭을 생각해보자. 탈근대 담론은 근대의 이분법이 세계에 대한 파편적 인식을 불러왔다고 하면서 그것을 넘어선 통합을 주장한다. 예컨대 노동과 여가의 분리, 인간과 환경의 분리 등. 하지만 한국과 같은 반쪽 근대 사회는 오히려 근대적 분화가 제대로 이루어져 있지 않은 경우가 많으며 그런 경우 근대적 이분법의 폐해가 아니라 오히려 전근대적 미분화가 문제가 되는 경우가 많다. 이런 경우에는 근대적 분화는 부정적인 것이 아니라 오히려 긍정적인 진보가 된다.

"그러나 한편으로 생각해봐야 할 것은 한국과 아시아의 민족주의는 오히려 더 퇴행적인 덫, 전근대적 그물망에 걸릴 가능성이 높다는 점이다. 그것이 과대평가된 민족주의의 정당성 때문에 그 위

과제라는 말이 된다. 하지만 이는 동시에 이루어질 수 없다. 한국의 경우에는 근대와 탈근대의 이중과제가 아니라 근대와 탈중세의 이중과제라고 해야 맞다. 근대에 적응하면서 동시에 근대를 극복하는 것이 아니라 근대에 적응하면서 동시에 중세를 극복해야 한다. 우리에게 필요한 것은 근대와 탈근대의 이중과제가 아니라 근대와 탈중세의 이중과제이다. 백낙청, 『근대의 이중과제와 한반도식 나라 만들기』, 창비, 2021. 참조

험이 항상 은폐되어왔기 때문이다. '내정간섭', '아시아적 가치', '고유한 미풍양속', '특수성' 등의 담론을 내세우며 제3세계 사회가 민족과 국가의 이름으로 거부하는 것은 대체로 근대적 주체의 출현에 필수적인 보편적 가치체계-인권, 자유, 평등-등이다."[26]

권혁범의 말도 다르지 않다. 아무튼 근대 바깥을 사유하는 것은 좋으나, 문제는 그런 사유에의 추구가 많은 경우 전근대성의 옹호로 귀결되고 만다는 것이다. 그런 점에서 사실상 한국의 탈근대 담론은 근대 넘어서기는커녕 근대에도 미치지 못하는 전근대 담론이 되어버리는 경우가 대부분이다. 그래서 탈근대 담론은 식민지적 담론이 되어버린다. 이는 한국 현실에 대한 오해로 인해서, 현실적 실성이 없는 서구의 탈근대 담론을 그대로 끌어와서 기계적으로 한국 현실을 설명하려고 한 결과이다.

물론 한국 사회에도 탈근대적 현상이 전혀 없지는 않을 것이고, 또 서구의 탈근대적 상상력과 담론을 미리(?) 공부해두는 것도 나쁘지 않을 것이다. 하지만 하나의 공부로 라면 몰라도 그것을 한국 현실에 그대로 적용하고 설명하려는 것은 심각한 오류에 빠질 수밖에 없다. 거듭 말했듯이 한국의 현실은 완전한 근대도 아니고 근대와 전근대의 반쪽짜리 이종교배일 뿐인데, 이런 현실을 근대 극복이라는 미명하에 통째로 비판하는 탈근대 담론은 번지수를 한참 잘못 짚은 빗나간 접근이 될 수밖에 없는 것이다.

---

26 권혁범, 『민족주의는 죄악인가』, 생각의나무, 2009, 166~167쪽

그리하여 한국의 대부분의 탈근대 담론은 사실상 전근대 담론과 별반 다르지 않으며 그리하여 마침내 반근대 담론이 되어버리고 만다. 여기에서 반근대란 근대 극복으로서의 반근대가 아니라 오히려 근대에 미달하는 전근대성을 긍정하는 것으로서의 반근대를 말한다. 한국의 경우 근대 극복이 아니라 전근대 극복이 우선 과제이다. '근대와 탈근대의 이중과제'가 아니라 '근대와 탈중세의 이중과제'여야 한다는 말이다.

근대화: 근대국가 건설과 산업화

개항이 한국 근대의 출발점인 만큼 한국의 근대화 역시 개항과 함께 시작되었다. 개항의 충격은 조선 사회를 둘로 갈랐다. 수구와 개화가 그것이다. 개항, 즉 근대화는 기존 질서를 벗어난 오랑캐의 침략인 만큼 결코 받아들일 수 없고 전래의 도(道)를 지켜야 한다는 것이 수구의 논리이다. 이러한 수구적 관점에 기반 한 위정척사운동은 반근대화 운동의 효시이다. 그에 반해 근대화를 해야 한다는 것이 개화이다. 개항은 개화이며 개화는 근대화이다. 개화파는 근대화 운동의 시조였다. 이처럼 개항은 한국의 근대화 운동과 반근대화 운동을 동시에 낳았다.

근대화 운동의 출발인 개화파의 목표는 중세국가 조선을 넘어선 근대국가 수립이었다. 그것은 조선의 종주국인 청의 지배를 벗어나야만 가능한 것이었다. 하지만 청으로부터의 자주적 독립 시도

(갑신정변)는 실패하고 청으로부터 조선을 독립시킨 것은 일본이었다(청일전쟁). 아무튼 개화파의 노력에도 불구하고 자주적 근대화는 수포로 돌아가고 조선은 마침내 일본의 식민지가 된다. 식민지하에서의 근대화 운동은 좀 복잡미묘해진다. 무엇보다도 식민지와 근대화의 관계를 어떻게 볼 것인가 하는 것이 문제가 된다. 여기에는 두 가지의 조합이 있다.

1. 반(反)외세 근대화
2. 친(親)외세 근대화

'반외세 근대화'는 외세와 근대를 분리하는 태도이다. 외세는 거부하지만 근대는 수용해야 한다는 입장이다. 사실 이의 모델은 일본의 메이지유신이다. 일본은 개항 이후 지혜롭게 외세를 견제하면서 주체적 근대화를 이루었기 때문이다. 그에 반해 '친외세 근대화'는 외세와 근대를 모두 수용하는 입장이다. 어차피 식민지가 된 마당에 친외세를 하지 않고서 근대화를 이룰 수 없다고 보는 것이다. 일제하의 실력양성파와 자치운동이 여기에 해당된다. 자치운동은 식민지의 현실을 인정하고 그 틀 내에서 조선의 자치를 확보하고자 하는 운동이었다.[27] 그리고 역사학계에서 논쟁이 되고있는 '식민지 근대화'를 어떻게 보든간에 식민지하에서 어느 정도 근대화가 이루어진 것은 사실이다. 물론 그것을 주체적 근대화라고 할 수는

27 이나미, '일제 시기 조선 자치운동의 논리', 고려대 민족문화연구소, 「민족문화연구」, 2006, vol, no.44. 참조

없다.

식민지 상태에서는 독립[28]과 근대국가 건설이 가장 중요한 과제이다. 3·1운동 이후의 임시정부 설립과 여러 독립운동들이 여기에 해당된다. 식민지로부터의 해방 이후에는 근대국가 건설이 최고의 근대화 과제였으며, 그다음으로는 산업화를 꼽을 수 있다. 건국은 이승만에 의해서, 산업화는 박정희에 의해 이루어졌다. 특히 박정희는 '조국 근대화'라는 구호를 내걸고 개발 드라이브를 추진했다. 사실 한국에서 근대화라는 말이 유행한 것은 1960년대였는데, 여기에서 핵심은 경제적 근대화였다.[29]

그런데 문제는 개항 이후 추진되어온 한국의 근대화가 근대국가 건설과 산업화라는 정치경제적 근대화에서 멈추어버렸다는 것이다. 전근대적 집단주의를 극복하려는 사회문화적 근대화는 없었다는 이야기이다. 오히려 정치경제적 근대화를 추진하는 과정에서 사회문화적 전근대성은 온존하거나 더욱 강화되었다. 사회문화적 전근대성의 뿌리인 집단주의적 열정이 정치경제적 근대화를 추진하는 데 강력한 동력이 된 것은, 그 자체로 한국 근대화의 커다란 역설이자 동시에 정치경제적 근대성과 사회문화적 전근대성의 이종

28 흔히 해방과 독립을 같은 말로 쓰는데, 엄밀히 말하면 다르다. 해방(liberation)이 식민지 상태로부터 풀려난 것이라면 독립(independent)은 스스로 서는 것이다. 해방은 독립의 전제조건이기는 하지만 해방이 곧 독립을 보장해주는 것은 아니다. 제3세계 국가들을 보면 제국주의로부터의 해방 이후 인종과 종교 분쟁에 휘말리는 등 식민지 시기보다 못한 상태로 떨어지는 경우도 많다. 우리의 경우 식민지로부터의 해방은 1945년이지만 독립은 3년간의 미군정을 거쳐 1948년 대한민국 건국과 함께 이루어진다. 따라서 1945년에서 1948년까지의 3년간을 건국 과정으로 보기도 한다. 이는 광복절이냐 건국절이냐 하는 단편적인 논쟁을 넘어서는 관점이다.

29 최 범, 『문제는 근대다』, 47쪽 참조

교배라는 한국 근대성의 구조를 고착시킨 결정적인 조건이었음을 부정할 수 없다. 이것이 지난 150년에 걸친 한국 근대화의 성격이자 한계라고 할 수 있다.

반근대화: 위정척사에서 민중운동까지

개항, 즉 근대화는 커다란 문명의 충격이었다. 그런 만큼 그에 대한 반발도 아주 강할 수밖에 없었다. 그런 점에서 반근대화는 그 자체로는 너무나 당연하고도 정상적인 반응이라고 하지 않을 수 없다. 반근대화는 구한말의 위정척사파에서부터 오늘날의 민중운동에 이르기까지 면면하게 이어지고 있다. 심지어 이러한 반근대화를 진보라고 부르기까지 하니 한국의 반근대화 운동이 얼마나 강력한가를 알 수 있다. 거듭 말하지만 한국의 반근대화는 철저히 근대화와의 관계 속에서 고찰해야 한다. 근대화가 강렬한 만큼 반근대화도 격렬할 수밖에 없다. 다만 그것이 작동하고 출현하는 영역과 층위가 다를 뿐이다. 근대화가 주로 정치경제 영역에 한정된다면 반근대화는 사회문화 영역에 집중된다. 그러니까 정치경제 영역은 근대화되지만 사회문화 영역은 근대화되지 못하는 것이다. 이것이 근대화와 반근대화가 각기 그 성격을 달리 나타나는 배경이자 현실이다.

한국의 반근대화는 시기에 따라 그 형태를 달리하여 나타난다. 19세기 말에는 성리학적 원리주의로서의 위정척사운동으로, 그리고 20세기 전반의 식민지 시기에는 독립운동의 한 갈래인 복벽운동(復辟運動, 공화주의와 반대되는 이념으로, 왕정 체제를 복원하려는 운동. 여기서는 대한민국 임시정부와 대립하며 국권 회복과 함께 대한제국 황실의 복귀를 목표로 하는 황실복위운동을 뜻한다)[30]으로, 해방과 건국이 이루어진 20세기 후반에는 민중운동의 형태로 등장한다. 이중에서도 특히 주목해야 할 것은 민중운동이다. 특히 민주화운동과 민중운동의 관계이다. 물론 민주화운동과 민중운동은 그 개념과 층위가 다르지만 실제에 있어서는 상당 부분 겹쳐 있었다고 보아야 한다. 민주화운동과 민중운동의 차이는 대상에 있다기보다는 시각에 있다고 보아야 하지 않을까 싶다. 그러니까 민주화운동을 민중운동의 성격으로 볼 수도 있고 민중운동을 민주화운동의 일환으로 볼 수도 있는 것이다. 문제는 이것을 어떻게 적절히 구분하든 간에 민주화운동의 많은 부분에 반근대화로서의 민중운동적 성격이 강하게 침윤되어 있음은 부정할 수 없다는 사실이다. 다시 말해서 한국의 민주화운동은 민중운동의 성격이 강하고 한국의 민중운동은 반근대화 운동의 실천으로 보아야 한다는 것이다.

그러면 왜 민중운동은 반근대화 운동인가. 그것을 설명하기 위해서는 먼저 민중운동이 중세 농촌 공동체에 대한 유토피아적인 환상에 기반 해 있다는 점을 지적해야 한다. 그러니까 한국의 민중운동은 근대를 부정적으로 보고 전근대, 즉 중세를 이상적으로 본다는 것이다. 민중운동은 근대를 외세의 침략이며 비인간적인 문명으

30 박현모, 「일제시대 공화주의와 복벽주의의 대립」, 〈정신문화연구〉 2007, 봄호 제30권 제1호(통권 106호) 참조

로 본다. 그에 반해 전근대를 민족 고유의 순정한 삶의 방식이 살아 있는 따뜻하고 인간적인 문명으로 본다. 민중운동은 기본적으로 이러한 중세 긍정, 근대 부정이라는 낭만주의적 문명관에 기반 해 있는 것이다.

민중은 근대 자본주의 사회의 계급 개념이 아니다. 자본주의 사회의 기본 계급은 자본가(부르주아지)와 노동자(프롤레타리아트)이다. 자본가는 생산수단을 소유한 계급이고 노동자는 생산수단을 소유하지 못하고 자신의 노동력을 팔아서 살아가는 계급이다. 이 둘이 자본주의 사회의 기본계급을 이룬다. 마르크스는 이러한 자본가와 노동자의 계급갈등이 자본주의의 주요모순이며 역사적 발전의 토대라고 보았다.

그에 반해 민중은 하나의 계급이라기보다는, 역사 속의 지배계급이 아닌 모든 피지배계급으로서 억압받는 집단 그 자체를 상징한다. 그런데 민중운동에서 말하는 민중은 단지 억압받는 존재를 넘어서 그 자체로 정당하며 고귀한 역사의 주체로까지 상정된다. 그러니까 민중운동에서의 민중의 조건은 두 가지이다. 하나는 억압받는 존재이다. 또 하나는 역사의 주체이다. 민중은 억압받기 때문에 이 세상의 모순을 절실히 깨닫고 이러한 모순과 투쟁하면서 극복하는 데 앞장서는 주체가 될 수 있다는 것이다. 따라서 민중의 존재는 하나의 거대한 역설이다. 억압받기 때문에 정당하고 그래서 역사의 주체이고 진보적이라는 것이다. 이는 사실상 마르크스의 노동자계급 주체성과 일치하는 것이지만 한국의 민중운동에서 민중 주체의 문화정치적 함의는 좀 다르다. 한국의 민중운동에서의 민중의 의미에는 다분히 한국적인 색채가 가미되어 있다. 이러한 민중 개념이 과연 역사적 진실과 부합하는가 아닌가는 별개의 문제이다.

억압받는 주체로서의 민중은 어느 시대에나 존재하지만 그것이 하나의 숭고한 집단으로 조명되는 것은 근대에 와서이다. 역사 속의 노예, 농노, 농민 들은 한 번도 긍정적인 평가를 받은 적이 없다. 심지어 그들은 반란의 기록을 제외하곤 역사적으로 그 흔적이 제대로 기록된 것도 드물다. 그런데 근대에 와서 민중은 그러한 모든 역사적 집단들을 뛰어넘어 역사의 주체로 자리매김 되었다. 왜일까. 민중은 근대 낭만주의에 의해 호명된 하나의 혁명집단이기 때문이다. "자연으로 돌아가라"라는 장 자크 루소의 언명과 함께 민중은 하나의 역사적 주체로 소환되었다. 민중은 루소가 말한 '고귀한 야만인(the noble savage)'이었던 것이다. 억압적인 사회의 등장 이전에 존재했다고 믿어지는 순수한 인간의 모습 말이다. 그런 점에서 민중은 인간 이전에 자연 그 자체이기도 한 것이다.

이렇게 민중을 호명한 것은 바로 저 낭만주의였다. 이리하여 근대=인공=억압/민중=자연=순수라는 하나의 도식이 만들어진다. 이러한 구도에서 민중은 모든 잃어버린 유토피아의 인격화에 다름 아니다. 이제 낭만주의는 민중에게서, 또 그 대체물인 어린이에게서 문명에 의한 타락 이전의 순수한 얼굴을 발견한다. 민중은 역사의 어린이이며 때 묻지 않은 순수한 존재들인 것이다. 그리고 이제 민중은 몰락한 중세 귀족계급의 죄의식을 씻어줄 대속(代贖)의 집단이 된다. 모든 근대적 죄악에 대한 반발, 근대 이전에 존재했다고 믿어지는 순수한 시대에 대한 유토피아적인 비전이 민중의 이름으로 호출된다. 그리하여 낭만주의 운동의 일환으로서의 민중운동은 비합리주의와 반근대화의 핵심이 된다. 낭만주의는 기본적으로 몰락한 중세 귀족계급의 세계관이었던 것이다. 물론 전도된 형태로지만 말이다.

한국에서 민중운동이 등장하는 배경 역시 이러한 관점에서 보아야 한다. 하지만 한국의 민중운동은 서구의 낭만주의와 공통점과 함께 차이점도 가진다. 공통점은 둘 다 지나간 중세에 대한 유토피아적 환상에 기반한다는 점이고 차이점은 서구의 민중운동이 자기 문명 내에서의 성찰과 발견의 산물이라면, 한국의 민중운동은 외세의 침략에 대한 반발로서의 반근대화라는 겹을 한 꺼풀 더 가지고 있다는 점이다. 재미역사학자인 이남희는 이렇게 말한다.

"민중을 일관적이고 단일화된 정치적 정체성을 지닌 존재로 설명하고 부각시키는 프로젝트였던 민중운동은 전형적인 한국의 포스트식민주의적 현상이었다. 해방 이후 한국의 탈식민화 궤적으로 많은 지식인에게 한국사는 실패한 역사라는 인식을 초래했다. 이 책에서 필자는 이것을 '역사 주체성의 위기'라 명명한다. 민중 담론은 바로 이러한 위기의식에서 비롯되었고, 민중운동의 지적 기반은 바로 민중 담론이었다. 지식인과 학생들 사이에 만연해 있던 역사적 패배의식은 이들로 하여금 한국 근·현대사의 주요 사건을 비판적으로 재해석·재평가하게 했다. 기존의 역사 서술에 이의를 제기하고 이를 다시 쓰는 과정에서 이들은 민중을 역사 발전과 사회 변혁을 이끌 수 있는 진정한 주체로 파악했다."[31]

한마디로 한국의 민중운동은 근대화에 대한 반작용이었다는 것이다. 이남희가 말하는 '역사 주체성의 위기'란 민중운동의 주체들이 한국의 근대화를 주체성을 상실한 실패한 역사로 보고 있음을 의미한다. 이른바 타율적 근대화와 식민지화가 그것이다. 이러한 빗나간 역사를 바로 잡기 위해서는 혁명적 실천이 필요했는데 그 주체는 민중이라는 것이다. 이처럼 민중은 한국 근대화의 일탈을 바로잡기 위해서 호출된 주체였다. 하지만 과연 민중은 근대화의 굴곡을 바로 잡을 진보적 주체가 될 수 있을까. 민중은 모든 외래적인 것을 부정하는 전근대적 주체이다. 여기에 민족=전통=선/외세=근대=악이라는 마니교적인 선악이분법이 가로놓여 있음을 물론이다. 민중운동은 한마디로 전근대화·반근대화 운동이었던 것이다.

이 역시 한국 근대화의 성격에 바로 대응되는 것이나. 한국의 근대화가 외부로부터 주어진 것이라는 사실은 곧 근대화=외세의 침략으로 인식된다. 그리고 한국의 근대화가 위로부터의 엘리트에 의한 것이라는 사실은 근대화=반민중적이라는 것으로 파악된다. 따라서 한국의 반근대화 운동으로서의 민중운동은 이러한 두 가지 축, 즉 반(反)외세와 반(反)지배 엘리트라는 이중구조를 띠게 되었다. 이

31 이남희, 『민중만들기』, 후마니타스, 2015, 23~24쪽

것이 서구의 낭만주의가 반(反)부르주아운동인 것과의 차이이다. 서구의 낭만주의가 주관주의·반합리주의로서의 반근대화 운동이라면 한국의 민중운동은 반외세·반지배 엘리트로서의 반근대화 운동이었다.

반외세 운동으로서의 반근대화 운동은 대원군의 척화, 수구파의 위정척사, 동학의 척양척왜가 그 뿌리이다. 이들에게 근대는 곧 외세이다. 따라서 반외세는 곧 반근대이고 주체인 것이다. 가장 근본주의적인 반근대주의라고 할 수 있다. 이러한 반근대화 운동은 구한말에는 위정척사운동으로, 식민지 시기에는 독립운동으로, 해방 이후에는 민중운동으로 시기마다 형태를 달리하여 등장하였다. 그리고 한국 민중운동의 반지배 엘리트주의는 '위로부터의 근대화'라는 한국적 특성에 대한 반발과 저항으로서 '아래로부터의 반근대화'를 상징한다. 이승만과 박정희에 의한 근대화가 위로부터의 엘리트적인 것이라면 한국의 민중운동은 바로 그러한 근대화에 대한 저항으로서 아래로부터의 반근대화였던 것이다.

한국의 근대화가 지배 엘리트에 의한 권위주의 방식으로 추진된 것은 사실이다. 이승만과 박정희의 카리스마 통치에 의해 국가건설과 돌격 근대화(rush to modernization)가 이루어졌다. 이러한 과정이 폭력적이었고 많은 모순을 잉태한 것도 사실이다. 하지만 이를 통해 한국 사회가 총량적으로 발전한 것 또한 사실이다. 민주화운동은 이러한 권위주의 통치에 대한 저항이었다. 그러면서 이승만과 박정희를 친일파와 독재자라는 이유로 부정한다. 그를 대신하여 억압받는 민중을 통해서 민중세상을 만들고 민족정기를 세워야 한다고 주장한다. 민주화운동은 외세를 몰아내고 독재자를 부정하며 민중이 주인이 되는 세상, 대동세상을 이루자는 것이다. 그런데 문제는 과연 민중세상, 대동세상의 유토피아는 가능하고 민주적인가 하는 점이다.

"오직 민중만이 완전히 민족적이며, 오직 민중만이 완전히 민주적이다."[32]

이것은 1980년대에 이른바 '삼민투'[33] 조직의 배후로 지목된 김민석의 말이다. 여기에서 알 수 있듯이 민중=민족=민주는 일치한다. 중세 낭만주의의 '민중'과 근대의 '민족'과 정치 체제로서의 '민주'가 아무런 구분 없이 하나로 뒤섞여 있다. 이것이 바로 1980년대 민주화 운동가들이 가진 역사와 현실의식이었다. 여기에서 우리는 한국 근대의 정치사회 의식이 여전히 전근대적인 차원에 머물러 있음을 알 수 있다. 여기에는 한국의 정치경제적 근대화를 추진한 이승만과 박정희 같은 세력은 외세와 결탁한 반민족주의자들이며, 이에 대항하는 운동권의 민주화운동은 민족적이며 민중적이라는 인식이 깔려 있다. 다시 말해서 한국의 근대화는 친외세 반민족주의자들에 의한 것이며, 그러한 근대화에 반대하는 반근대화 운동이야

32 김민석, '항소이유서'(12월), 미간행 법원문서, 이남희, 『민중 만들기』, 55쪽에서 재인용

33 https://encykorea.aks.ac.kr/Article/E0073752 참조

말로 민중적이고 민족적인 정당성을 갖는다는 것이다. 이 역시 정치경제적 근대성과 사회문화적 전근대성이 날카롭게 대립되고 있는 한국 근대성의 구조적 모순을 잘 보여주는 것이 아닐 수 없다.

근대가 곧 인간을 억압하는 구조라면 민중은 바로 그러한 억압의 피해자이자 저항하는 존재로서 반근대적인 인간상이라고 할 수 있다. 그런 점에서 민중운동은 사실상 반근대화 운동이다. 이런 점에서 노동자를 계급으로 보는 것과 민중을 계급으로 보는 것은 전혀 다르다. 민중은 고대에는 노예, 중세에는 농노, 근대에는 노동자에 대입될 수 있다. 나아가 민중은 삼민투의 주장에서 보듯이 민족과 동일시된다. 근대에 들어와 제국주의의 침략을 받은 한국인 전체가 민중이 되는 것이다. 이처럼 민중은 계급 개념을 넘어서 종족 개념으로, 나아가 민주주의와의 동일시를 통한 정치 개념으로 발전한다. 이리하여 민중=민족=민주가 하나로 통합된 이념이 완성된다. 이것이 바로 민족민중운동의 핵심이었다.

이처럼 한국의 민주화운동은 민중운동에 기반을 두고 있으며 민중운동은 반근대화 운동에 그 정신적 탯줄을 잇고 있는 것이다. 그런 점에서 민중운동은 정치운동이자 문화운동이었다. 민중신학에서부터 민중예술에 이르기까지 문화운동으로서의 민중운동 역시 마찬가지이다. 민중신학에서 민중은 예수와 동일시된다. 민중신학은 민중에게서 예수의 얼굴을 발견한다. 민중이 억압받은 피해자라는 사실에서 바로 인간을 위해 십자가를 진 예수와 동급으로 격상되는 것이다. 한편 민중예술은 이러한 민중의 고난을 묘사하고 민

중의 건강함을 찬양한다.[34]

이것이야말로 요즘 우파들이 흔히 말하는, 좌파가 한국 사회의 헤게모니를 장악했다는 것을 잘 보여주는 증거이다. 한국의 우파, 즉 부르주아지들은 정치경제적으로는 승리했을지 모르지만, 사회문화적으로는 전혀 헤게모니를 장악하지 못했다. 서구의 부르주아지들은 근대화 과정에서 정치경제적 승리만이 아니라 사회문화적으로도 헤게모니를 쥐었다. 서구의 전근대 귀족계급은 정치경제사회문화 전 분야에서 부르주아지에게 패배했으며, 그들의 손에 남겨진 것은 예술을 비롯한 일부 문화 영역뿐이었다. 그것이 바로 '낭만주의'이다. 서구의 구 귀족계급은 한 줌의 낭만주의 문화 영역에서 '정신적 귀족'으로서의 생존을 이어갈 수 있었다. 물론 문화예술로서의 '낭만주의'는 결코 만만하게 볼 수 없는 부분이기는 하다. 그것은 어떻게 보면 현대예술에 가장 큰 영향을 미친 것이 '낭만주의'이기도 하고, 또 서구의 근대가 예술 속에서나마 자연·꿈·공동체와 같은 전근대적 가치가 보전될 수 있도록 허용한 결과이기도 했다. 오늘날 '반지의 제왕'과 같은 중세 기사문학에 바탕한 SF 판타지물도 그 바탕은 낭만주의에 있다.

하지만 한국의 부르주아지(우파)는 정치경제의 협애한(?) 영역을 제외하고는 사회문화적으로 전혀 헤게모니를 장악하지 못했다. 그것은 곧 한국 근대성의 한계를 의미했다. 외부로부터, 위로부터의 근대화는 엘리트에 의한 정치경제적 근대성만을 확보할 수 있었을

34 이 책 180~202쪽에 실린 '민중적 리얼리즘의 '민중'과 '현실'은 무엇인가' 참조

뿐 그에 대응되는 사회문화적 근대성을 창출하지 못했기 때문이다. 다시 말해서 한국의 근대화는 정치경제적 영역에 한할 뿐 사회문화적 영역에는 거의 아무런 영향력을 행사하지 못한 것이다. 이처럼 내부로부터, 아래로부터의 근대성이 결여된 한국의 근대화는 결국 사회문화적 영역에 걸쳐 광범위한 전근대성을 존치시켰고 이것이 1980년대의 이른바 민주화운동 시기에 반근대화 운동의 에너지로 나타난 것이다. 민주화운동 전체를 반근대화 운동으로 볼 수는 없다. 하지만 민주화운동의 에너지의 상당 부분이 반근대주의에서 온 것임은 부정할 수 없다. 민중문화운동이 그것을 잘 보여준다. 그래서 한국의 근대를 이해하기 위해서는 반드시 정치경제적 근대화만이 아니라, 사회문화 영역에서의 전근대성, 그리고 그에 기반한 반근대화 운동이 한국 사회를 어떻게 조성했는지를 보아야 하는 것이다.

근대와 혁명

혁명과 반혁명

근대는 혁명이다. 근대는 중세로부터의 문명 교체로서 체제 교체나 국가 교체, 정권 교체 등과는 비교할 수 없는 수준의 근본적인 변화이다. 따라서 문명 자체의 소멸을 제외하고는 역사적으로 경험할 수 있는 최상위 수준의 변화라고 할 것이다. 그것은 문명이 삶의 방식의 총체이기 때문이다. 따라서 그러한 문명의 변화는 혁명 중의 혁명이 아닐 수 없다. 근대가 혁명이라면 근대에 반대하는 것은 반혁명이다. 혁명이 혁명과 반혁명으로 이루어져 있듯이 근대 역시 근대와 반근대, 근대혁명과 반근대혁명으로 이루어져 있다. 물론 근대란 원체 거대한 변화인 만큼 그에 대한 거부와 저항도 클 수밖에 없다. 모든 작용에는 반작용이 있게 마련이다. 따라서 근대를 수용하는 것 못지않게, 아니 한국처럼 비주체적인 근대화를 한 나라에서는 반근대가 근대보다 더 강력하다고 해도 틀리지 않다. 반근대 세력의 존재는 그 자체로는 매우 당연하고도 정상적인 반응이라고 보아야 할 것이다. 근대가 있으니 그에 대한 반작용으로 반근대도 있는 것이다. 그에 대한 평가는 차치하더라도 말이다.

이처럼 근대를 둘러싼 반응은 당연히 정치적 대립을 낳게 된다. 근대 세력과 반근대 세력, 근대혁명파와 반근대혁명파가 만들어진다. 프랑스혁명을 예로 들면 구체제(앙시엥레짐)를 지지하는 반혁명파와 혁명을 옹호하는 혁명파의 분화가 이루어지는 것이다. 오늘날 정파를 구분하는 일반적 기준인 좌파와 우파의 기원 역시 프랑스혁명이다.[35] 프랑스혁명 당시에 입헌군주제를 주장한 세력은 우파, 공화제를 추진한 세력은 좌파라고 불리었다. 좌파와 우파는 혁명 노선의 차이가 만들어낸 정파적 균열이었던 것이다. 그런데 좌파와 우파 이전에 먼저 프랑스혁명으로 인해 정치 세력은 반혁명파와 혁명파로 나뉜다. 그리고 이중에서 혁명파가 다시 좌파와 우파로 나뉘는 것이다. 따라서 프랑스혁명 당시의 정치 세력은 반혁명파, 보수혁명파(우파), 진보혁명파(좌파), 이렇게 셋으로 구분할 수 있다. 여기에서 주목할 것은 혁명에 반대한 구체제 옹호 세력, 즉 반혁명파는 좌파도 우파도 아닌 그냥 반동이었다는 사실이다. 그리고 좌파와 우파는 모두 혁명파였다는 사실이다.

이런 구분을 한국에 대입해보면 어떻게 될까. 그러니까 프랑스혁명과 같은 급격한 변화가 그에 대한 반응에 따라 정치적 세력을 극명하게 가르듯이, 한국의 경우 근대혁명이라는 급격한 변화가 정치적 세력을 어떻게 가르는가 하는 것이다. 물론 프랑스혁명과 한국의 근대혁명은 같지 않다. 그것은 역사적 범주에서나 경로에서도 차이가 난다. 서양의 근대는 대체로 르네상스부터 시작하여 현재까지 이르는 대략 500년 이상의 긴 역사적 과정이다. 따라서 프랑스혁명이 곧 서양의 근대혁명 자체는 아니다. 하지만 프랑스혁명은 서

35 양동안은 좌파와 우파가 아니라 좌익(the left)과 우익(the right)이 정확한 표현이라고 하나, 나는 다소 엄밀함의 부족을 감수하는 대신에 익숙한 좌파와 우파라는 용어를 사용하기로 한다. 양동안, 『정치·사상 용어 바로알기』, 대추나무, 2022, 38~55쪽 참조

양 근대혁명의 일부로서 중요한 결절점을 이룬다. 프랑스혁명은 근대의 중요한 지표인 시민혁명과 공화제를 완성한 사건이기 때문이다.

그에 반해 한국의 근대는 이미 그 경로성에 대해 설명했지만, 외부로부터의 변화였고 19세기 후반에서야 시작된다. 서양은 근대의 원조로서 그 중심이지만 한국은 근대의 수입국으로서 주변부이다. 이처럼 서양의 근대와 한국의 근대는 같지 않다. 그럼에도 불구하고, 비록 같은 층위는 아니지만 프랑스혁명과 한국의 근대를 '중세에서 근대로의 전환점'이라는 측면에서 비교해볼 수는 있다.

그랬을 때 프랑스와 한국의 정치 지형 역시 그 차이에도 불구하고, 아니 그 차이로 인해 더 뚜렷하게 비교·인식해볼 수 있을 것이다. 프랑스의 좌파와 우파가 프랑스혁명에 대한 반응의 결과라고 이야기했다. 그럼 한국의 좌파와 우파도 한국의 근대(혁명)에 대한 반응의 결과라고 말할 수 있는가. 그렇다. 한국의 좌파와 우파 역시 프랑스의 경우처럼 혁명(근대)에 대한 반응이 빚은 결과이다. 다만 프랑스혁명과 한국의 근대혁명은 그 차이만큼의 불일치를 생산한다. 그것은 곧 혁명의 주체성과 수동성의 차이를 반영하는 것일 터이다.

프랑스혁명은 빈혁명파와 보수혁명파(우파)와 진보혁명파(좌파)의 구분을 낳았다고 말했다. 그러면 한국의 근대혁명은 어떤 정치적 균열을 낳았나. 달리 말하면 한국의 좌파와 우파는 근대혁명에 대해 어떤 태도를 보이는가. 이 부분이 가장 핵심적인 것이라고 본다. 나는 한국의 좌파를 근대혁명을 부정하는 반혁명 세력이라고 본다. 그에 반해 우파는 근대혁명을 추진해온 혁명 세력이라고 본다. 그러니까 한국의 좌파는 프랑스와 달리 근대혁명을 수용하는 혁명 세력이 아니라 정반대로 거부하는 반혁명 세력인 것이다. 이는 오늘날 한국 좌파를 형용하는 온갖 전근대적인 기표들(사림파, 수구파, 위정척사파 등)이 보여주는 대로이다. 다시 말해서 한국의 좌파는 근대혁명의 진보파이기는 커녕 근대혁명 자체를 부정하는 반근대파라는 것이다. 그래서 나는 한국 좌파를 진보좌파가 아니라 수구좌파라고 부른다.[36]

그에 반해 한국의 우파는 근대의 주체 세력이다. 한국의 우파는 구한말의 개화파로부터 독립협회 등 문명개화론자들, 일제시대의 실력양성파를 거쳐 해방 이후 건국과 산업화를 주도한 세력이다. 따라서 우파야말로 근대혁명 세력이라고 불러야 한다. 그런데 한국에서는 정반대로 좌파를 변혁세력이라고 부른다. 이는 한국의 근대에 대한 인식의 착종만큼이나 전도된 인식이 아닐 수 없다. 좌파는 어떤 의미에서도 진보가 아니다. 이것이 프랑스의 경우와 정반대되는 지점이다.

좌파는 우파를 외세 의존, 친일파, 매판 세력이라고 비판한다. 한국의 근대는 그것이 외부로부터, 위로부터 시작되었던 만큼 주체성에서 한계를 가짐이 분명하다. 한국의 근대가 외부로부터의 충격으로 시작된 만큼 거기에는 굴종, 타협, 의존 등도 있었을 것이다.

36 최 범, 『문제는 근대다』 참조

그런데 이것은 비주체적인 근대화 과정에서 어느 정도 불가피한 것이었다. 그런데 좌파는 이를 반민족적인 행위라고 하면서 통째로 부정하고 비판한다. 그러다 보니 근대 자체를 부정하게 되는 것이다. 목욕물을 버리다가 아이까지 버리는 격이다. 좌파가 반근대 세력인 이유이다.

한국 좌파의 이러한 태도야말로 그들이 근대혁명 세력이기는커녕 전근대적인 명분에 사로잡힌 위정척사 세력임을 증명한다.[37] 설사 근대화 과정에서 비주체적인 면이 있었다 할지라도 그것 때문에 근대의 의의와 성과를 통째로 부정해서는 안 된다. 한국의 근대 주체 세력인 우파에는 분명 흑역사도 있고 한계와 과오도 있다. 하지만 이를 비판하는 것과 근대 자체를 부정하는 것은 구별해야 한다. 프랑스식으로 하면 한국의 좌파는 진보가 아니라 혁명 반대 세력, 즉 역사적 반동이다.

프랑스혁명과 한국의 근대는 모두 중세로부터의 이행이라는 측면에서 혁명적 과정이다. 유럽의 근대는 르네상스와 종교개혁 등 정신적 차원에서부터 시작되지만, 프랑스혁명은 그것을 정치적 차원에서 완성했다고 할 수 있다. 하지만 한국의 근대혁명은 아직 진행 중이며, 완성되지 못했다. 한국은 아직 중세에서 근대로의 전환이 제대로 이루어지지 않은 것이다. 그래서 한국의 근대혁명은 여전히 진행 중이다. 한국의 우파와 좌파가 근대혁명 세력의 구분이 아니라, 근대 세력과 반근대 세력의 구분인 이유도 거기에 있다. 한

37 근래 이러한 연구가 쏟아져 나오고 있다. 대표적으로 채진원, 『조국 사태로 본 586 정치인의 세계관』, 푸른길, 2025. 참조

국은 아직 중세와 근대의 투쟁 과정에 있는 것이다. 이것이 한국의 근대혁명 과정이다.

근대혁명과 대한민국 혁명

"국치일 이래 지난 100년간의 우리 역사의 4분의 3을 실제로 살아왔고, 세계사, 그중에서도 러시아사를 전공한 필자가 볼 때 1910년 이후 진정한 전환점이 있다면, 그것은 1945년 해방에서 1948년 헌법 제정과 정부 수립 선포로 이어진 전 과정을 포함하는 대한민국 건국이었다. 그것은 시민혁명의 전형으로 일컬어지는 영국의 명예혁명, 미국의 독립혁명, 프랑스혁명이나 사회주의 혁명으로 주장되었던 러시아혁명 등에 비견될 만한 우리 역사상 유일한 혁명이요, 가장 중요한 분기점이며, 대한민국 건국의 역사적 의미를 제대로 파악하지 않고는 오늘의 현실에 대한 설명이 불가능하다는 것이 우리 현대사에 대한 필자의 해석이다."[38]

이인호의 말처럼 대한민국 건국은 혁명이었다. 대한민국은 한민족 역사에서 이전에 볼 수 없었던, 권력이 국민에게 있고 자유로운 정치적·경제적·사회적·문화적 활동이 보장되는 국가이기 때문이다. 대한민국 이전에 한반도에 존재했던 모든 국가는 권력이 왕과 귀족 같은 소수 특권층에게 있었다. 백성은 각종 납세와 부역의 의

38 이인호, 『대한민국 건국은 혁명이었다』, 세이지, 2024, 34쪽

무를 지기만 했지 어떠한 권리도 갖지 못했다. 그러다가 한국인이 최초로 경험한 근대국가인 식민지 조선에서 비로소 경제적 권리가 주어졌을 뿐이다.[39] 그러나 조선인에게 정치적 권리는 없었다. 대한민국 이전의 모든 국가에서 인민은 통치의 대상일 뿐 주체가 아니었다.

그런 점에서 대한민국은 분명 이전에 볼 수 없었던 경이로운 국가가 맞고, 그런 대한민국의 탄생이 혁명이 아닐 수는 없다. 대한민국 건국은 이전 왕조시대의 역성(易姓)혁명과는 차원이 다른 혁명 중의 혁명인 것이다. 역성혁명은 말 그대로 성을 바꾸는, 왕으로 대표되는 지배층의 교체를 의미할 뿐이다. 하지만 대한민국은 지배층의 교체가 아니라 민중 자신이 지배층이 되는, 지배층과 피지배층의 교체라는 이전의 한국사에서 볼 수 없었던 놀라운 전환을 보여주었다. 그런 점에서 대한민국이 혁명국가라는 것은 의심할 여지가 없다.

그런데 정작 놀라운 것은 이러한 대한민국 건국혁명론이 대다수의 한국인에게 낯설게 여겨진다는 사실이다. 대한민국은 객관적으로 볼 때 분명 영국, 미국, 프랑스와 같은 근대국가가 맞지만 대부분의 한국인은 이러한 대한민국의 혁명성을 인식하지 못하고 있다고 나는 본다. 한마디로 존재와 의식이 일치하지 않는 것이다. 이른

39 식민지 조선은 한국인이 경험한 최초의 근대국가였다. 물론 식민지였기 때문에 한국인은 주체가 될 수 없었지만, 비록 식민지인으로나마 부분적으로 근대를 체험한 것은 사실이다. 대표적인 것이 '조선민사령'으로 인해 조선인에게 사유재산 등 민권(民權)이 인정된 것이며, 문화적으로는 이른바 '모던(毛斷)'의 영향을 받기도 했다. 최 범, 『이상한 나라, 대한민국』, 45~46쪽 참조

바 건국절 논란은 그와 관련하여 한국인들이 이를 얼마나 혼동하고 있는지를 보여주는 생생한 실례이다.[40] 이를 어떻게 보아야 할까.

대한민국이 어떤 국가인가에 대해서는 크게 두 가지 관점이 대립한다. 하나는 좌파의 관점이고 또 하나는 우파의 관점이다. 좌파는 대한민국을 '친일파가 세운 나라', '태어나지 말았어야 할 나라'라고 본다. 이것이 바로 『해방전후사의 인식』를 비롯한 좌파 서적들이 보여주는 관점이다. 이런 관점에서 보면 대한민국은 혁명국가이기는커녕 말 그대로 '태어나지 말았어야 할 나라'이다. 이와 반대로 우파는 대한민국의 탄생을 축복으로 본다. 우파는 대한민국의 역사를 건국과 호국과 부국으로 이어지는 서사로 보며 자유민주주의 국가 대한민국을 지켜야 한다고 주장한다[41]. 이렇듯 대한민국을 보는 관점에서 좌파와 우파는 타협의 여지가 없을 정도로 날카롭게 대립한다. 앞 절에서 프랑스의 좌파와 우파는 혁명파의 구분이지만 한국의 좌파와 우파는 반혁명파와 혁명파의 구분이라고 말한 바 있다. 한국의 좌파와 우파는 대한민국의 방향성이 아니라 대한민국의 존재 자체를 보는 관점에서부터 대립하고 있는 것이다.

그런 점에서 대한민국의 정체성은 매우 불안정하다. 좌파는 대한민국을 부정하며 우파는 대한민국을 긍정한다. 엄연히 현실에 존재하는 대한민국이라는 국가에 대해 극단적으로 상반된 관점이 존

40 심지어 개천절을 건국절이라고 주장하는 사람도 있으니 그에게는 고대의 제정일치 국가와 근대 국민국가의 차이가 전혀 의미가 없는 모양이다.

41 건국은 이승만에 의한 정부 수립, 호국은 한국전쟁에서의 방어와 한미동맹에 의한 안보, 부국은 박정희의 경제개발을 말한다.

재한다는 점에서 대한민국의 체제는 결코 안정적이지 않다. 사상의 자유가 있는 대한민국에서 대한민국을 부정하는 것은 자유이다. 적어도 반란을 일으키지 않는 이상은 사상과 양심과 표현의 자유가 인정된다. 하지만 비록 사상의 차원에서 일지라도 반(反)대한민국파와 대한민국파의 대립과 갈등이 존재한다는 것은 국가 정체성과 통합의 차원에서 볼 때 심각한 문제가 아닐 수 없다.[42] 사상의 자유는 과연 어디까지 허용되어야 하나. 그 이전에 먼저 좌파는 왜 대한민국을 부정하고 우파는 왜 대한민국을 긍정하는지 그 이유에 대해서 알아보자.

그럼 먼저 좌파는 왜 대한민국을 부정하는가. 좌파가 대한민국을 부정하는 논리적 근거는 무엇인가. 그것은 친일파가 세운 나라이자 분단국가라는 것이다. 이것은 대한민국이 자주국가가 아닌 외세의 식민지이며 완전체가 아닌 반쪽짜리 국가라는 것이다. 외세의 식민지라고 하지만 좀 더 적나라한 표현을 하자면 대한민국은 외세의 씨, 업둥이, 즉 우리 핏줄의 나라가 아니라는 것이다. 이처럼 좌파의 대한민국 부정사관에는 기본적으로 혈통 중심의 사고방식이 들어 있다. 그리고 대한민국이 반쪽짜리 분단국가라는 것 역시 생물학적인 유기체주의의 관점이다. 이렇게 보면 좌파의 국가관과 역사관은 생물학적 기준에 따른 순혈주의, 종족주의, 유기체주의로서 전근대적인 사고방식에 기반한 것임을 알 수 있다. 내가 한국 좌파

---

42 이희전은 대한민국이 대세(大勢; 대한민국 세력)와 반대세(反大勢; 반대한민국 세력) 간의 투쟁이 벌어지는 체제전쟁 중에 있다고 본다. 이희천, 『반대한민국 세력의 비밀이 드러나다』, 대추나무, 2021. 참조

를 전근대 세력으로 보는 이유이다.

그러면 반대로 우파는 대한민국을 어떻게 볼까. 우파야말로 대한민국 건국의 주체이기 때문에 우파의 대한민국관은 긍정적이다. 우파가 보기에 대한민국은 2차 세계대전 이후 독립한 국가 중에서 유일하게 산업화와 민주화라는 두 마리 토끼를 잡는 데 성공한 국가이며 원조 받던 나라에서 원조하는 국가가 된 선진국이다. 이른바 대한민국 성공사관은 기본적으로 이러한 인식에 기반 해 있다. 건국과 호국과 부국사관은 이를 압축적으로 표현하고 있다.[43] 대한민국의 이러한 성취는 모두 사실이며 부정할 수 없다. 다만 한 가지 대한민국 성공사관에서 공통적으로 발견되는 것은 대한민국의 외형적인 측면에만 초점을 맞추고 있다는 사실이다.

다시 말해서 대한민국 성공사관은 한결같이 자유민주주의 국가 수립, 경제개발 성공, 선진국 수준의 국민소득 달성 등에만 주목한다. 따라서 한국 자유민주주의의 내면적 취약성에 대해서는 무심하다. 더 근본적으로는 내가 이종교배라고 부르는 한국 근대성의 구조적 모순에 대한 인식이 우파에게는 없다. 한국 사회의 전근대성이 어떻게 근대화의 발목을 잡고 있는지에 대해 우파는 무지하다. 한마디로 한국 우파가 이해하는 대한민국은 외형에 지나지 않는다는 말이다. 물론 나는 그러한 외형적 성취를 부정하지 않으며 높게 평가한다. 문제는 외형적 성취의 지속가능성이다. 이것을 위협하는 전근대성의 귀환 또는 복수(?)에 대한 문제의식이 우파에게

---

43 김일영, 『건국과 부국』, 기파랑, 2023; 김광동, 『4·19와 5·16』, 기파랑, 2018. 참조

간과되어 있다는 것이다. 여기에 대한민국 성공사관의 피상성이라고 할까, 납작한 인식이 자리 잡고 있음을 알 수 있다.

이처럼 대한민국을 보는 좌파와 우파의 관점은 비대칭적인데, 바로 여기에 한국 근대성의 구조적 특성이 그대로 드러난다고 나는 본다. 그러니까 한국의 좌파는 한국 사회의 전근대성, 즉 종족적 집단주의의 이념을 신봉하고 있다. 그에 반해 한국의 우파는 근대성 중에서도 물질적이고 제도적인 측면, 즉 외재적 근대성을 담지하고 있다. 이것이 바로 내가 한국에는 정신적 전근대 세력(수구좌파)과 물질적인 근대 세력(보수우파)만 있을 뿐 정신적 근대 세력(진보우파)이 없다고 보는 이유이다. 좌파가 보는 대한민국이 반쪽 종족국가(ethnic state)라면 우파가 생각하는 대한민국은 반쪽 국민국가(nation state)인 것이다.

나는 근본적으로 이러한 사태가 한국 근대의 수준이 낮은 단계에 있기 때문에 일어난다고 본다. 다시 말해서 대한민국 체제에 대한 낮은 수준의 합의는 결국 한국 근대에 대한 낮은 수준의 이해에 근거한다고 믿는다. 한국 근대의 낮은 수준은 결국 근대에 대한 인식을 제한하며, 그런 가운데 여전히 근대성과 전근대성의 공존, 충돌, 병치를 만들어내기 때문이다. 이러한 근대성과 전근대성의 문명모순이 한국 사회의 최상위 모순이라는 점은 여러 차례 밝힌 바 있다.

대부분의 우파에게 대한민국이 혁명국가라는 의식이 없는 것도 그때문이라고 본다. 어쨌든 사실관계에서 대한민국을 세우고 발전시킨 것은 우파이건만, 왜 우파는 좌파의 비판(친일파, 외세의존, 매판세력)에 대해서 소극적 방어밖에 하지 못하는가. 그것은 바로 의식의 측면에서 우파도 좌파와 마찬가지로 종족주의자, 집단주의자, 본질주의자이기 때문이다. 이것이 바로 내가 정치경제적 근대성과 사회문화적 전근대성의 모순이라고 말하는 것의 핵심이다. 한국 우파는 정치경제적 근대성을 이루어낸 담지자들이다. 하지만 그에 걸맞은 사회문화적 근대성을 가지고 있지 못하다. 그래서 자신들이 혁명세력이라는 자각과 의식이 없다. 혁명은 했지만 혁명세력은 아니다. 이것이 한국 우파의 웃지 못할 현실이다.

그런 점에서 사회문화적 차원에서 한국의 좌우를 구분하는 것은 의미가 없다. 좌파도 우파도 똑같은 전근대적 의식의 소유자들이기 때문이다. 따라서 한국의 우파는 한반도에서 이전에 볼 수 없었던 자유민주주의 국가 대한민국의 건설자임에도 불구하고 그것은 논변하고 방어할 자기 논리를 가지고 있지 못하다. 기껏해야 이승만과 박정희를 숭배하는 것밖에 모른다. 그러면서 반대한민국 세력을 척결해야 한다고 부르짖기만 한다. 우파도 근대적인 사회문화적 의식의 담지자는 아닌 것이다.

흥미로운 것은 한국 사회에서 혁명을 말하는 것이 우파가 아니라 좌파라는 사실이다. 혁명이라는 말이 불온시 되던 1980년대에는 혁명이라는 말 대신에 변혁이라고 불렀다. 좌파 운동권은 자신들을 변혁 세력이라고 칭했다. 그들이 말하는 변혁은 어떤 것이었나. 지금 생각해보면 그것은 전근대로 회귀하는 역사적 반동이었다. 물론 한국 우파의 권위주의 통치는 억압적이었고 그에 대한 저항은 민주화운동으로 불렸다. 억압에 대한 저항은 인민의 권리이며 그 자체로는 정당한 행위이다. 그런데 문제는 민주화운동이 우파 권위주의와 싸우면서 대통령 직선제 쟁취 등 일정한 자유를 획득한 것 이외에는 더 이상 진보적인 모습을 보여주지 않는다는 사실이다. 이처럼 한국 민주주의의 한계를 규정하는 것 역시 한국 근대성의 한계일 수밖에 없다. 다시 말해서 자유주의 없는 집단주의로서의 민주주의 말이다. 그리고 자유주의 없는 민주주의는 전체주의로 흐르게 마련이다.

그래서 대한민국 혁명을 이해하기 위해서는 대한민국 역사를 근대 역사 속에 놓고 보아야 한다. 대한민국 혁명은 한국 근대혁명의 일부이기 때문이다. 따라서 대한민국을 한국의 근대혁명 속에 위치지우고 그 역사적 의미와 전망을 부여해야 하지 않을까 싶다. 그리고 이럴 때 대한민국 혁명의 의미도 밝혀질 것이라고 본다. 나는 대한민국을 한국 근대 역사 속에 위치시킨다. 19세기 말 개항 이후 이어진 근대화 혁명의 일환으로 보는 것이다. 그렇게 볼 때 대한민국의 문명사적 의미가 파악된다. 나는 대한민국을 정치경제적 근대화를 달성한 국가라고 본다. 하지만 사회문화적 근대화는 결여된 국가로 본다. 이것이 내가 대한민국을 보는 관점이다. 그러니까 정치경제적 근대성과 사회문화적 전근대성의 이종교배가 대한민국의 현실이라는 것이다.

물질적 근대화 세력을 보수우파라고 부른다면 정신적 근대화 세력은 진보우파라고 불러야 하는데, 그런 의미에서의 진보우파가 한국에는 없다. 한국에 존재하는 정치 세력은 수구좌파와 보수우파 뿐이다. 이것이 통상 한국의 좌파(수구)와 우파(보수)를 구분하는 개념이다. 따라서 한국에는 정신적 근대화를 담지 할 진보우파가 없으며, 이는 앞으로 형성되어야 할 세력이라고 할 수 있다. 그럴 때 한국의 좌파와 우파 개념도 재정립될 것이다. 다시 말해서 수구좌파는 반근대 세력으로서 역사적 반동이 되어 소멸되어야 한다. 그리고 근대혁명 세력 중에서 근대화의 방향과 노선의 차이에 따라서 우파와 좌파가 재설정되어야 한다. 그러니까 기존의 보수우파는 우파가 되고 새롭게 생성되어야 할 진보우파는 좌파가 되어야 할 것이다. 반근대·반혁명 세력인 수구좌파는 사라지고 근대혁명 세력 중에서 좌파와 우파가 재구성되어야 한다. 이것이 진정한 의미에서의 진보의 재구성이다. 한국의 진정한 혁명 세력은 좌파가 아니라 우파였고 앞으로도 우파가 되어야 한다. 다만 현재의 보수우파에게서는 그러한 의식을 기대하기가 어렵다는 것이 유감이다.

한국 근대의 과제와 방향

03

근대화 패러다임의 전환

"이제 하나의 순환을 끝내고 새로운 순환을 준비할 때이다." 1990년대 초 사회주의권이 붕괴하던 시절에 많이 듣던 표현이다. 그런데 이제 우리는 사회주의가 아니라 한국의 근대화에 대해서 이렇게 말해야 한다. 1차 근대화 프로젝트를 끝내고 2차 근대화 프로젝트를 준비할 때라고. 그러면 1차 근대화는 무엇이었고 2차 근대화는 무엇인가. 그것은 어떻게 다른가.

1차 근대화는 1876년 개항 이후 지난 150년간을 가리킨다. 이때 한국인은 조선 망국, 일제 식민지, 해방과 미소군정, 남북한의 근대국가 건설과 전쟁, 대한민국의 산업화와 민주화 등을 겪었다. 그 150년의 전반은 조선의 붕괴와 식민지의 시간이었고 후반은 대한민국과 발전의 시간이었다. 대한민국은 한민족 역사상 최초로 국민에게 주권이 있고 사적 소유가 인정된 근대국가로 출발했다. 하지만 대한민국의 근대화는 근대국가 수립이라는 정치 영역, 산업화라는 경제 영역을 넘어서지 못한다. 사회는 여전히 전근대적인 집단주의가 지배하고 문화 역시 비합리주의로부터 벗어나지 못하고 있다. 정치경제적 근대화를 이루었지만 사회문화적 근대화는 이루지 못한 것이다. 그래서 나는 대한민국을 정치경제적 근대성과 사회문화적 전근대성의 이종교배 국가라고 보는 것이다. 한마디로 대한민국의 근대화는 반쪽 근대화이다. 이것은 물이 반쯤 찬 컵처럼 보기에 따라서 평가가 달라질 수 있다. 정치경제적 근대화는 위대한 성과이다. 하지만 여전한 사회문화적 전근대성은 정치경제적 근대화의 성과를 깎아 먹는다.

이제 이러한 한계를 넘어서 한국의 근대화를 진전시켜야 한다. 정치경제 영역의 근대화를 넘어서 사회문화 영역의 근대화를 추진해야 한다. 그리하여 정치경제사회문화 전 영역에 걸친 고른 근대화를 추구하는 것이 근대화 150년을 맞은 지금 우리 앞에 주어진 새로운 과제이다. 그것이 바로 2차 근대화이다. 1차 근대화도 쉽지는 않았지만 2차 근대화 역시 간단히 이루어질 수 없다. 어쩌면 2차 근대화는 1차 근대화보다도 더 어려울지 모른다. 정치경제 영역의 1차 근대화는 그 자체로 위대한 성과이다. 비서구 국가 중에서 이 정도의 성취를 이룬 나라도 많지 않기 때문이다. 하지만 2차 근대화는 1차 근대화보다 훨씬 더 어려울 수 있다.

무엇보다도 한국의 근대화 150년은 정치경제적 근대화, 즉 외재적·물질적 근대화와 사회문화적 근대화, 즉 내재적·정신적 근대화가 전혀 다른 종류의 물건임을 증명하고 있기 때문이다. 정치경제적 근대화도 어렵지만 사회문화적 근대화는 훨씬 더 어렵다. 정치경제적 근대화는 어느 정도 외부로부터의 모방과 이식과 엘리트에 의한 위로부터의 장착이 가능하지만, 사회문화적 근대화는 전혀 그렇지 않다. 사회문화적 근대화는 철저히 내부로부터, 아래로부터의 운동에 의해서만 가능하기 때문이다. 거듭 말하지만 지난 150년간 한국의 근대화는 외부로부터, 위로부터의 근대화였다. 그것이 바로 정치경제적 근대화였다. 하지만 이제는 내부로부터, 아래로부터의 근대화를 기획해야 한다. 그것은 사회문화적 근대화이다. 그래서 이제 근대화 패러다임의 전환이 필요하다. 근대화 150년의 시점에서 생각해야 할 것은 바로 이것이다.

1차 근대화의 종언

나는 이전에 근대화의 단계를 셋으로 구분한 적이 있다.[44]

1. 근대 저항기
2. 근대 수용기
3. 근대 창조기

근대 저항기는 1차 근대화 시기로서 근대에 대한 피상적 수용(외재적 근대화)과 심리적 거부(내재적 반근대화)가 지배적인 시기이다. 근대 수용기는 근대화에 대한 부정적 의식을 넘어서 적극적으로 이해하고 주체적으로 받아들이는 시기이다. 이를 본격적인 근대화라고 할 수 있다. 근대 창조기는 근대의 주체적 수용을 넘어서 새로운 문화 융합을 이뤄내는 시기이다. 한국의 근대화 단계를 이렇게 개념적으로 구분해볼 수 있다. 이는 물론 개략적인 개념일 뿐 그 구체적인 역사 과정은 말할 수 없이 복잡하고 울퉁불퉁할 것이다.

그러니까 근대 저항기에 해당되는 1차 근대화는 외부로부터 밀

44 최 범, 『문제는 근대다』, 34~41쪽 참조.

어닥친 근대를 자발적이든 비자발적이든 간에 일단 생존을 위해서라도 근대의 외형(국가와 산업)을 획득하는 과정이었다고 할 수 있다. 하지만 이러한 근대화는 근대에 대한 심층적인 이해와 내면화를 통해 이루어졌다고 볼 수 없다. 이 시기는 겉으로는 전부 근대화된 것처럼 보이지만 실제 내면은 전혀 내지는 거의 근대화가 이루어지지 않았기 때문이다. 이러한 구조를 가장 잘 보여주는 것이 사실상 반근대 수구세력인 좌파를 진보라고 부르는 것이다. 한국의 좌파는 전근대적인 집단주의자들로서 이들에게 근대는 곧 외세의 침략에 다름 아니다. 그래서 좌파는 반외세·반근대를 외치는 것이다. 따라서 이들을 진보라고 부르는 것처럼 한국인의 근대에 대한 전도된 의식을 잘 보여주는 것도 없다.

개항 이후 150년간 한국 사회의 변화는 중세에서 근대로, 동아시아에서 서양으로, 대륙에서 해양으로의 문명전환이라고 할 수 있는데, 물론 이 과정이 격렬한 충격을 동반함은 말할 것도 없을 것이다. 하지만 한국의 근대화 과정은 기존 문명 자체가 절멸된 아프리카나 아메리카 대륙에 비하면, 훨씬 부드러운(?) 것이었다고 할 수 있다.

사실상 한국의 중세는 중국화이고 한국의 근대는 서구화이다. 정확하게 말하면 한국의 중세는 중국이라는 중심부의 문명을 받아들여서 한국화하는 과정이었다. 달리 말하면 한국이 중국 문명에 참여함으로써 동아시아의 중세가 이루어졌다고도 할 수 있다. 그래서 조동일은 동아시아의 중세 문명은 중국만이 아닌 한국, 일본, 베

트남 등이 참여하여 함께 일군 문명이라는 점에서 중국 문명이 아니라 동아시아 문명이라고 불러야 한다고 말한다.[45] 물론 맞는 말이지만 한국 입장에서는 중국화라고 해도 별 문제없다고 생각한다.

한국의 중세가 중국화인 것처럼 한국의 근대는 서구화이며, 이 역시 서구라는 중심부의 문명을 받아들이는 일련의 과정으로 이해할 수 있겠다. 그리고 서구화가 한국을 비롯한 비서구 지역의 참여로 인해 하나의 보편 문명이 되는 것이니만치 서구 문명이라기보다는 근대 문명이라고 부르는 것이 좀 더 적절할 것이다. 하지만 이 역시 한국의 관점에서 보면 서구화라고 불러도 무리가 없다고 생각한다.

한국의 중세인 동아시아의 문명화 과정 역시 크게 저항기, 수용기, 창조기의 단계를 밟아왔을 것이다. 이러한 단계들의 시점과 전개에 대해서 정확히 짚어 말할 수는 없으나, 대체로 저항기는 말 그대로 전통의 관성에 따라 새로운 문명의 수용에 저항하는 단계이다. 그럼에도 불구하고 수용은 이루어진다. 왜냐하면 물이 높은 데서 낮은 데로 흐르듯이, 선진 문명의 도입은 어차피 시간이 지나면 이루어지게 마련이기 때문이다. 그다음 수용기는 저항의 단계를 넘어서 주체적으로 문명을 수용하는 단계이다. 그리고 그다음에는 문명 융합에 의한 새로운 창조가 일어나게 될 것이고. 문명의 중심부가 아닌 이상 모든 지역의 문명화 과정은 이런 단계를 밟을 것이라고 추론해도 무리가 없을 것이다. 이것은 하나의 개념화이니까 말

45 조동일, 『동아시아 문명론』, 지식산업사, 2010, 23쪽 참조

이다. 일례로 『삼국유사』에 나오는 '이차돈의 죽음'이 바로 신라 사회가 고대의 부족연맹체로부터 불교를 중심으로 한 중세국가로 전환되는 과정에서 겪는 문명의 저항과 수용의 갈등을 상징적으로 보여주는 사례가 아닐까 추측해본다. 그러한 불교문화의 적극적인 수용을 거쳐 통일신라 시기에 이르면 신라 사회는 높은 수준의 창조성을 보여주는데, 그것이 바로 불국사나 석굴암과 같은 것에서 증명되지 않는가 생각한다. 신라 천 년의 역사는 중세 문명 저항기로부터 수용기를 거쳐 창조기로 나아가는 과정을 잘 보여주는 것 같다.

자연히 나의 관심은 이러한 역사적 사례에서 보듯이, 한국 사회가 언제 근대문명에의 저항기를 벗어나 수용기로 전환될 것인가로 향하는데, 현재로는 예측을 하기가 어렵다. 다만 한국 사회의 과잉된 민족주의는 서구의 근대 이데올로기로서의 그것이라기보다는 한국 특유의 종족주의에 기반 한 전근대적 성격이 강하다고 보기 때문에, 이것이 극단으로 치달으면서 반작용의 모멘텀을 가져오면, 그제서야 저항으로부터 주체적 수용으로의 전환이 이루어질 수 있지 않을까 기대해본다. 아무튼 지금 한국은 근대 저항기에 해당된다. 근대 수용기와 근대 창조기로 나아가려면 오랜 시간이 걸릴 것이다.

2차 근대화의 과제와 조건

앞서 언급한 근대 저항기가 1차 근대화라면, 근대 수용기는 2차 근대화라고 할 수 있다. 이제 한국 사회의 근대화가 1차 단계를 마무리하고 다음 단계인 2차 근대화로 나아가기 위해서는 그 목표와 과제가 분명해져야 한다. 그 전제는 근대의 구조와 주체의 관계 재설정이다. 구조는 정치와 경제를 중심으로 하는 체제를 가리킨다. 주체는 그러한 체제 내에서 행위하고 살아가는 인간을 가리킨다. 따라서 구조는 주로 정치경제 영역에 해당되고 주체는 사회문화 영역에 위치한다. 그리고 이러한 구조의 근대와 주체의 근대가 결합된 것이 완전체로서의 근대라고 할 것이다.

하지만 이제껏 주장해왔듯이 한국의 근대는 '구조'의 근대와 '주체'의 근대가 균형을 이루지 못했다. 구조는 근대화되었지만 주체는 여전히 전근대적인 것이다. 이것이 1차 근대화의 실상이며 한계였다. 따라서 1차 근대화를 넘어선 2차 근대화는 바로 이러한 1차 근대화의 실상과 한계를 넘어서는 것이어야 한다. 그것은 곧 구조의 근대화로부터 주체의 근대화로 나아가는 것을 의미한다. 그것은 한마디로 '주체의 근대화'라고 할 수 있을 것이다.

주체의 근대화의 핵심은 바로 '개인의 형성'이다. 한국의 1차 근대화는 집단에 의한 근대화였다. 일체화된 민족적 에너지를 바탕으로 근대국가를 건설했고 '잘 살아보세'라는 욕망으로 경제개발을 이루었다. 하지만 이제 집단주의로 할 수 있는 근대화는 한계에 이르렀다. 대한민국은 21세기 초에 선진국의 단계에 이르렀다고 자찬하지만 이것은 어디까지나 형식적 민주주의와 경제적 측면에 한정된 이야기이다. 이것은 무엇보다도 전근대적 주체에 의한 근대화였을 뿐이다. 그런데 지금 우리는 과연 전근대적 주체에 의한 근대화가 진정한 근대화일 수 있는가 하는 물음을 던져야 한다.

한국의 근대화는 일차적으로는 외부에 의한 것이지만, 그것은 내부적 문제를 외부화 하는 결과를 초래하기도 하였다. 왜냐하면 일본과 미국의 영향, 그 자체는 외부적인 것인데, 문제는 그것이 반일과 반미라는 프레임을 만들어냄으로써, 정작 중세의 극복이라는 한국 사회의 내부적 문제를 외부로 전가하는 역설적 효과를 낳고 말았기 때문이다. 사실인즉, 한국은 일본의 지배로 인해 근대화에 실패한 것이 아니라 근대화에 실패했기 때문에 일본의 지배를 받게 된 것이다. 그러므로 역사적 현실에 대한 우리의 인식은 완전히 전도되어 있다고 하지 않을 수 없다. 내부적 성찰은 방기한 채 반일·반미에만 매달리는 행태가 그를 증명한다. 반일·반미 한다고 해서 한국 사회가 저절로 근대화되지는 않는다. 앞으로 한국 사회의 미래는 이러한 내부 문제의 외부화가 가져온 전도 현상을 어떻게 교정하고 해결할 것인가에 달려 있다고 해도 과언이 아니다. 이것은 특히 한국 좌파의 아길레스건에 해당된다고 할 수 있다.

서양의 근대는 부르주아지가 봉건 귀족 세력을 타도하고 전개시킨 혁명적 과정이었다. 중세로부터 근대로의 거대한 전환이었다. 그러면 한국의 근대는 어떠했나. 주지하다시피 주체적 근대화에 실패한 한국은 외세에 의해 근대화될 수밖에 없었다. 그것이 이른바 '식민지 근대화'이다. 비주체적으로 전개되었다는 점에서 식민지 근대화는 반쪽 근대화일 수밖에 없다. 그것은 반대로 말하면 반쪽만이라도 근대화된 것이라고 할 수 있다. 그래서 한국의 부르주아지(우파)는 혁명적이지 않다. 한국의 근대화는 절반이 공짜였기 때문이다. 물론 구한말의 개화파로부터 일부 독립운동 계열, 이승만과 박정희로 이어지는 근대화 세력이 있었고, 이러한 시도는 높이 평가되어야 하지만, 한국의 근대화가 외세(일본과 미국)에 의해 더 결정적으로 이루어졌다는 사실을 부정할 수는 없다. 그래서 한국의 부르주아 혁명은 외세에 의한 대리혁명이었다고 해도 과언이 아니다.

이러한 역사적 과정 자체를 부정하는 것이 한국의 좌파다. 좌파에게 근대화는 외세에 의한 침탈의 역사이고 민족정기가 더렵혀진 오욕의 과정일 뿐이다. 그래서 좌파는 근대 자체를 부정한다. 이런 관점에서 보면 결국 한국 사회가 돌아가야 할 곳은 중세 조선이 된다. 한국의 좌파 혁명 기획이 이슬람 원리주의 혁명과 닮은꼴인 이유이다. 내가 한국 좌파를 중세주의자로 보는 이유이기도 하다.

식민지 근대화를 인정하는 수밖에 없다. 식민지를 통해서라도 근대화된 것이 그렇지 않은 것보다는 나은 것이며, 이것이 대부분의 제3세계의 일반적인(?) 근대화 과정임을 인정해야 한다. 비록 외세에 의한 반쪽짜리 혁명일지라도 봉건 체제를 그대로 유지하는 것보다는 낫다. 이것이 한국의 근대사를 민족과 외세의 대립이라는 선악 구도로만 보아서는 안 되는 이유이다. 서구의 부르주아지처럼 봉건 귀족계급과의 투쟁 경험이 없는 한국의 부르주아지는 혁명성이 없다. 하지만 한국의 우파 부르주아지가 투쟁해야 할 대상은 바로 좌파 세력이다. 왜냐하면 그들은 죽지 않고 살아 있는 봉건 좀비 세력이기 때문이다. 좌파가 말하는 혁명은 과거로 돌아가자는 중세 혁명이다. 한국의 근대화가 외세에 의한 반쪽 근대화라면 나머지 반쪽의 근대화 혁명을 완수할 임무는 좌파가 아니라 우파에게 있다. 한국 우파에게 혁명성이 필요한 이유이다.

헌팅턴은 근대화와 서구화를 구분하는데, 이는 아마도 근대화를 산업화로 한정해서 이해하기 때문으로 보인다. 따라서 근대화는 물질적 근대화, 서구화는 문화적 근대화를 가리키는 것 같다. 이렇게 본다면 한국의 동도서기는 전형적인 비서구적인 물질적 근대화에 해당된다. 이때 근대화는 매우 좁은 범위에 한정된다. 박정희 정권 시절의 '조국 근대화'가 그렇다. 여기에서 근대화는 곧 산업화의 다른 말이었다. 사실 근대화를 산업화와 동일시하거나 혼동하는 경우는 너무도 많아서 일일이 지적하기가 어렵다. 그러면 산업화 이외의 근대화는 무엇이며 그것은 어떻게 가능한가 하는 물음을 던질 수 있다. 근대화가 단지 서구화가 아니라면 과연 비서구적인 근대화의 길이 가능한가.

일본을 예로 들면 일본은 서구적 근대화의 길을 갔는가, 아니면 비서구적 근대화의 길을 갔는가. 이 역시 일본의 근대를 어떻게 보는가에 따라서 달라질 수밖에 없다. 이른바 '화혼양재(和魂洋才)'를 어떻게 보아야 하는가. 화혼양재에 대한 평가는 엇갈린다.

"화혼양재는 적극적이며 전반적인 타문화 수용의 태도와 전략으로 이해될 경우 매우 긍정적으로 평가된다. 일본의 성공적 산업화와 근대국가 건설이 일본의 전통을 유지하면서 서구의 근대적 지식과 기술과 제도를 받아들였기 때문이라고 판단할 경우, 화혼양재는 본받아야 할 자세가 된다. 산업화와 근대국가 건설에 있어 한국과 중국의 실패는 일본의 '성공'을 더욱 빛나는 것으로 보이게 만들었으며, 일본의 천황제 및 '일본문화' 등 '전통의 창출(invention of tradition)'은 화혼양재를 현실적으로 성공한 사상처럼 보이게 만들었다."[46]

화혼양재 역시 어떻게 보는가에 따라 달라질 수 있음은 물론이다. 그런데 한국의 동도서기, 중국의 중체서용과 달리 일본은 화혼양재와 함께 '탈아입구(脫亞入歐)' 주장도 있었음을 잊으면 안 된다. 일본의 근대성을 어떻게 평가할 것인가는 관점에 따라 달라질 수 있지만, 적어도 후쿠자와 유키치의 "일신독립, 일국독립(一身獨立, 一國獨立)"[47]이라는 언명만큼 한국과 중국의 차이를 잘 보여주는 것은 없다. 과연 후쿠자와 유키치의 말만으로 일본에 개인이라는 근대적 주체가 존재한다고 단정하기는 어렵지만, 적어도 말만이라도 이런 태도가 일본에 있었음은 부정할 수 없다. 아무튼 '개인 없는' 한국의 1차 근대화는 끝났다.[48] 그리고 이제 우리는 2차 근대화로의 근대화

46 주경철 외, 『문명 다시 보기』, 나남, 2020, 46쪽

47 후쿠자와 유키치, 이동주 옮김, 『학문을 권함』, 기파랑, 2011. 참조

48 우파는 국가를 강조하고 좌파는 민족을 강조한다. 한국의 우파와 좌파는 각기 국가주

패러다임의 전환기에 서 있다. 한국의 1차 근대화가 '개인 없는' 근대화였다면 2차 근대화는 '개인 있는' 근대화여야 한다. 그것만이 2차 근대화의 과제인 사회문화적 근대화를 가능하게 해줄 것이기 때문이다.

의와 민족주의적 성향이 강하다. 대한민국은 자유민주주의 체제를 내세우고 있지만 거기에 걸맞은 자유주의적 의식은 찾아보기 어렵다. 좌우 모두 집단주의적 성향이 강하기 때문이다.

한국 사회와 근대화의 딜레마

구조와 주체

한국 근대에 대한 착시는 이미 지적한 바 있다. 즉 한국 근대의 외형에 눈이 멀어 한국 근대의 내면을 직시하지 못하는 것. 한국 사회의 외형, 제도, 물질은 모두 근대적이지만 한국 사회의 내면, 실제, 정신은 그렇지 못하다는 것. 이처럼 한국 근대는 모순과 충돌과 탈구(脫臼)로 채워져 있다. 한마디로 한국 근대는 매우 분열적이다.

한국 근대는 근대와 전근대의 이종교배이다. 사회(광의)를 이루는 부문 중에서 정치와 경제가 근대적이라면 사회(협의)와 문화는 전근대적이다. 대한민국은 근대국가인 민주공화국으로서 외형적으로 정치적 근대성을 담지하고 있다. 대한민국의 시장경제는 사적 소유와 교환에 기반 한 체제로서 경제적 근대성을 구현하고 있다. 그러면 사회는? 문화는?

한국 사회는 자유로운 개인들의 공동체인 개인주의/자유주의 사회가 아니라 집단주의적/전체주의적 성격을 강하게 띠고 있기 때문에 사회적 근대성을 담보하고 있지 못하다. 한국의 문화 역시 그러한 사회적 구조에 기반한 수직적 위계질서가 지배하고 있기 때문에 합리성에 바탕한 문화적 근대성을 찾아보기 어렵다. 다시 말해서 한국의 정치와 경제는 근대적인데 반해 한국의 사회와 문화는 근대적이지 않다. 정치경제적 근대성과 사회문화적 전근대성의 공존, 이것이 바로 한국 근대의 이종교배라고 하는 것이다.

19세기 말 이후 한국은 분명 근대화되었지만 그것은 전면적이지도 않고 내면적이지도 않고 심층적이지도 않았다. 한국의 근대화는 부분적이며 외면적이며 피상적이었다. 이것이 지난 150년간 한국의 근대화에 대한 평가이다. 지난 150년간 한국은 근대국가를 수립했고 산업화를 이루었다. 이것은 대단한 성과이다. 그러나 근대국가 수립(state building)에는 성공했지만 그에 걸맞은 국민 창출(nation building)에는 실패했다.[49] 경제개발은 이루었지만 그에 상응하는 사회문화적 발전을 이루지는 못했다.

한국의 모든 공식적인 담론은 근대적이지만 구체적인 현실은 그렇지 않다. 인식과 실천 모두에서 근대성과 전근대성, 반근대성이 충돌하면서 마구 뒤섞여 있는 것이다. 그런 점에서 한국 사회의 근대성을 자명하게 전제하는 모든 인식과 담론은 비판적으로 재검토되어야 하며 재구성되어야 한다. 한국 근대에 대한 인식은 바로 이처럼 근대성과 전근대성, 반근대성이 혼재되어 있으면서 상호모순 되고 대립하는 현실 자체를 대상으로 삼아야 한다. 한국 근대에 대한 정직한 인식은 이러한 사실을 직시하는 것으로부터 출발해야 한다.

그러기 위해서는 무엇보다도 먼저 이제까지의 한국 근대에 대

49 그 이유는 한국인에게 근대 국민국가의 국민이라는 의식이 없기 때문이다. 한국인의 사회의식을 지배하는 것은 종족 관념이며, 그런 점에서 대부분의 한국인은 조선왕국과 대한민국을 다 같은 한민족국가라고 생각한다. 조선과 대한민국의 근본적인 체제 차이는 아무런 의미가 없다. 조선을 가리켜 우리나라라고 부른다든지 동학농민운동의 후손에게 보상금을 지원한다든지 하는 등 조선시대와 대한민국의 국가적·역사적 경계를 아무런 근거 없이 넘나드는 것들이 그러하다.

한 논의가 구조에만 머물렀다는 사실을 지적해야겠다. 즉 근대의 외형 말이다. 근대는 국민국가, 자본주의, 시민사회, 합리주의 문화 등 상대적으로 자율적인 몇몇 영역들로 이루어져 있다. 이러한 영역들은 각기 그에 걸맞은 제도를 가지고 있다. 이러한 것들이 근대의 구조이고 외형이며 지표인 것은 맞다. 하지만 사회는 구조만으로 설명할 수 없다. 사회에는 구조만이 아니라 그 안에서 살아가는 구체적인 행위자들, 즉 주체가 있다. 사회란 조건으로서의 구조와 실천으로서의 주체의 결합체인 것이다. 따라서 구조만 이야기하고 주체의 차원을 배제한다면 그것은 불균형한 것일 수밖에 없다. 따라서 주체의 차원을 빠트리고 구조의 차원에만 집중된 이제까지의 한국 근대에 대한 모든 논의 역시 불균형한 것이었다.

구조와 주체는 상호작용하며 상호결정 한다. 구조는 주체를 낳고 주체는 구조를 형성한다. 따라서 구조와 주체 간에는 상응성(correspondences)이 존재한다. 특정한 구조는 특정한 주체를 산출하며 따라서 특정한 구조와 특정한 주체 사이에는 일정한 상호관련과 친화성이 있게 마련이다. 근대 자본주의는 합리적인 경제 행위를 하는 주체인 '호모 에코노미쿠스(homo economicus)'를 전제로 한다. 호모 에코노미쿠스라는 주체의 존재 없이 자본주의 체제는 가능하지 않기 때문이다. 모든 사회는 이처럼 구조와 주체의 결합체인 것이다.

물론 구조와 주체의 관계에 대해서는 구조가 주체를 결정하는가 아니면 주체가 구조를 결정하는가 하는 근원적인 물음이 있다.

이 둘의 관계는 상호적이라고 했지만 무엇에 더 주목하는가에 따라서 사회를 보는 관점이 달라질 수 있다. 구조가 주체에 선행하는가 아니면 주체가 구조에 선행하는가. 이는 마치 인간의 성격이 선천적으로 타고나는 것인가 아니면 후천적으로 학습되는 것인가 하는 물음과도 같다. 물론 둘 다이겠지만, 이중에서 어느 것을 더 중시하는가에 따라서 인간에 대한 이해 역시 달라질 수 있기 때문이다. 유전이냐 학습이냐. 하지만 어느 쪽을 더 중시하든 인간이 이 둘의 결합체인 것은 분명하다.

사회도 마찬가지이다. 크게 보면 구조 역시 주체에 의해 산출되겠지만, 그러나 그것은 역사가 그러하듯이 주체들의 의도하지 않은 집합적 행위의 결과인 경우가 많고, 개별 주체의 관점에서 보면 구조는 대체로 주체에 선행한다. 그런 점에서 구조는 주체의 선험적 조건이다. 대부분의 인간은 주어진 사회 구조 안에서 주어진 방식으로 의미 있다고 간주되는 행위를 하며 살아가기 때문이다. 하지만 역시 구조가 주체없이 그 자체로만 존재할 수는 없다. 알튀세르가 말하는 '주체없는 과정'은 역사의 무의식성을 가리키는 것이지 역사의 구조 자체가 없다는 말은 아니다. 구조는 주체를 요청하며 주체는 구조 없이 행위 할 수 없다. 구조는 주체들 간의 상호작용으로 이루어지며 주체는 구조의 일정한 규정성 내에서만 행위 할 수 있기 때문이다. 이처럼 구조와 주체는 상호작용하고 상호결정한다. 칸트식으로 말하면 구조 없는 주체는 맹목적이며 주체없는 구조는 공허하다.

일단 이렇게 전제할 경우, 우리는 한 사회의 성격을 이해하기 위해서 구조와 주체의 상호관계를 파악하는 것이 결정적으로 중요하다는 사실을 알게 된다. 구조가 주체를 생산하는 것과 주체가 구조를 결정짓는 것 모두에 대해서 말이다. 이런 관점에서 한국 근대를 바라보면 어떻게 될까. 한국 근대의 구조적 측면과 주체적 측면 모두에 주의를 기울이면서 그 둘의 관계를 살펴보고자 한다면. 한국 근대의 구조적 측면과 주체적 측면이 어떻게 상호작용하며 상호결정 하는지에 대해서 말이다.

그런데 나는 앞에서 이제까지 한국 근대에 대한 논의는 구조에만 머물러왔다고 지적했다. 이는 한국 근대의 논의가 근대의 외형적·제도적 측면에만 머물렀을 뿐, 근대의 내면적·주체적 측면에 대해서는 이루어지지 않았다는 것이다. 간단히 말해서 한국 근대의 논의는 한국 근대의 주체를 다루지 않았다. 한국의 민주주의를 이야기하면서 민주주의적 주체에 대해서 이야기하지 않았다. 한국의 자본주의를 이야기하면서 자본주의적 주체에 대해서 이야기하지 않았다. 한국의 근대사회를 이야기하면서 근대사회적 주체에 대해서 이야기하지 않았다. 한국의 근대문화를 이야기하면서 근대문화적 주체에 대해서 이야기하지 않았다. 이제까지의 한국 근대에 대한 논의는 모두 근대의 구조적 측면, 즉 외형적·제도적 측면에만 집중되었을 뿐, 그러한 구조 내에서 행위 하는 주체, 그러한 구조를 생성하는 주체, 그러한 구조와 관계하는 주체에 대한 관심은 거의 없었거나 전혀 없었다.

물론 한국 근대에 대한 논의에서 사회 부문들 간의 불균등 발전이나 비동시성, 충돌과 모순, 그리고 문화 지체 등에 대한 언급이 없었던 것은 아니다. 그러나 좀 더 정확하게 말하면 이제까지의 한국 근대 논의에서 구조와 주체에 대한 인식은 상호적이기보다는 언제나 구조의 우선성 또는 일방결정성 아니면 주체의 구조 종속성 차원을 넘어서지 못했다. 그러다보니 언제나 구조가 주체를 자동생산하거나 아니면 구조가 앞서가면 주체는 뒤따라가는 종속변수 정도로 인식하고 취급해온 것이 사실이다. 그러나 과연 그럴까. 이러한 물음은 한국 근대의 성격에 대한 가장 발본적이고 첨예한 문제제기에 다름 아닐 것이다.

무엇보다도 구조는 은행 번호표 기계가 아니다. 은행 번호표 기계의 도입이 자동적으로 질서 있는 고객을 형성하는 효과를 사회에 그대로 적용할 수는 없다. 사회는 그것과는 비교할 수도 없을 정도로 복잡하고 상호모순 된 상태로 가득 차 있기 때문이다. 구조는 결코 주체를 자동 생산하지 않는다. 한국 근대 역시 마찬가지이다. 아니 한국 근대야말로 이러한 구조와 주체 사이의 간극과 모순과 충돌이 가장 극단적으로 드러나는 현장이라고 해야 할 것이다. 이것이 사실이라면 한국 근대의 구조와 주체의 관계에 대한 물음 없이 한국 근대를 이해하려는 노력은 모두 물거품이 될 것이다.

한국 근대의 구조와 주체 간의 간극과 모순과 충돌이 극대화되어 있다면, 우리는 그 이유를 한국 근대의 구조적 경로가 가진 특수성에서 찾을 수밖에 없다. 즉 한국 근대는 자생적이지 않고 외래적이며, 아래로부터가 아니라 위로부터 이루어졌다는 사실 말이다. 이러한 한국 근대의 경로적 특수성이 바로 한국 근대의 구조적 특수성을 낳았고, 한국 근대의 이러한 구조적 특수성이 바로 한국 근대의 구조와 주체 간의 특수한 관계를 낳았다고 말할 수 있다. 이러한 한국 근대의 경로적 특수성은 주체없는 구조를 만들었고 이것이 곧 한국 근대의 불균형성을 산출했다는 말이다. 문제는 그럼에도 불구하고, 앞서 지적했듯이, 이제까지의 한국 근대에 대한 모든 논의가 주체의 측면 또는 구조와 주체의 관계가 아니라 구조적 측면에만 초점을 맞춰왔다는 것이다. 예컨대 이런 진술을 보자.

"자유민주주의는 한반도라는 특수한 상황에서만 진보성을 갖고 있는 것이 아니라 세계사적으로도 그 진보성이 입증되었다는 점에서 보편성을 갖고 있다고 할 수 있다. 자유민주주의는 전제정과 군주정을 뒤집어엎고 나왔을 뿐만 아니라 파시즘과 전체주의와의 대결에서도 승리한 정치 체제이다. 이렇게 보면 자유민주주의는 한반도라는 특수한 상황과 세계사라고 하는 보편적 관점에서 볼 때 모두 진보성을 갖고 있는 사상이라는 것을 알 수 있다."[50]

맞다. 노재봉의 말처럼 대한민국의 자유민주주의는 세계사적 보편성과 진보성을 가진 체제이다. 그리하여 건국과 함께 대한민국은 본격적으로 근대문명의 길에 들어서게 되었다. 그런데 역시 문

50 노재봉 외, 『한국 자유민주주의와 그 적들』, 북앤피플, 2018, 33쪽

제는 대한민국의 이러한 체제적 성격, 즉 구조에 대한 언급만으로 과연 대한민국의 실상을 설명할 수 있는가 하는 점이다. 노재봉의 말에는 구조 이외의 것, 즉 주체 또는 구조와 주체 사이에 대한 어떠한 긴장이나 의문도 찾아볼 수 없다. 물론 노재봉의 발언이 나온 맥락으로 볼 때 그것이 중요한 것은 아닐 수도 있다. 노재봉의 발언은 대한민국의 자유민주주의 체제가 위협받는 현실에서 그것을 옹호하기 위한 것이었기 때문이다. 물론 그것은 필요하고 그래야 한다. 하지만 대한민국의 자유민주주의 체제가 가진 세계사적 보편성과 진보성을 강조하는 것만으로 그것이 지켜질 것인가. 대한민국이 성취한 세계사적 보편성과 진보성을 지키기위해서 필요한, 좀 더 핵심적인 것이 무엇인가에 대한 논의가 필요하지 않을까.

한국 근대가 내부적이고 자생적이 아닌 만큼 근대적 구조와 주체 사이에는 커다란 간극과 지체가 존재한다. 이것이 바로 한국 근대의 비동시성이고 불균등 발전이며 '비서구적 근대화'의 현실이다. 따라서 이러한 한국 근대의 특수성을 간과하고 한국 근대를 이해하려는 시도는 부망하나. 그런데 이제까지 한국 근대에 대한 논의는 거의 언제나 예외 없이 이러한 한국 근대의 특수성을 외면하고 이루어졌다. 근대를 부정하든 긍정하든 간에 말이다. 근대를 부정하는 논의는 주로 그것이 외래의 것, 즉 외세 침략과 식민 지배의 산물이라는 점에 초점을 맞춘다. 이러한 관점은 얼핏 구조적이라고는 할 수 없어 보이지만, 그러나 결국 전근대 사회의 구조와 다른 이질적이고 낯설고 외래적인, 그래서 근대를 나쁜 체제로 본다는 점에서는 구조적 시각이 아닐 수 없다. 그에 반해 근대를 긍정하는 논의는 근대국가, 민주공화정, 시장경제 등에 대해서만 이야기한다. 하지만 이제는 그동안의 한국 근대 논의에서 결정적으로 빠트린 부분, 즉 주체에 대해서 말해야 한다. 한국 근대의 주체, 근대적 주체에 대해서 말이다.

한국 근대와 집단주의

개항으로 시작된 한국의 근대가 이제껏 이룬 가장 위대한 성과는 대한민국의 건국이다. 대한민국의 존재는 중세국가로부터 근대국가로의 전환을 통해 한국이 근대문명에 속함을 보여주는 가장 구체적인 증거이다. 어쩌면 대한민국은 중세 조선의 몰락으로부터 시작된 한국의 근대 운동이 목표로 삼아온 역사적 소실점의 하나였다고 해도 과언이 아니다. 그러나 비록 한국 근대가 세계사적 근대의 일부이기는 하지만 역시 비서구 근대로서, 세계사적 근대와의 일정한 차이를 지니고 있음도 부정할 수 없다. 그것은 앞장에서 지적한 구조와 주체의 관계성이라는 점에서 그렇다. 무엇보다도 민주주의와 자본주의를 기본 틀로 하는 서구의 근대국가가 개인이라는 주체를 전제로 설계된 체제임은 분명하다. 그런데 문제는 한국의 근대국가도 외형적으로는 그러한 구조를 가진 체제임이 분명하지만, 결정적으로 개인이라는 근대 주체가 결여되어 있다는 사실이다. 이것이 바로 구조와 주체의 불일치이며 정치경제적 근대성과 사회문화적 전근대성의 모순결합이다.

집단주의는 전근대 사회만의 특징이 아니다. 현재의 대한민국 역시 강력한 집단주의 사회임은 따로 설명이 필요 없다. 물론 대한민국은 개인의 자유와 권리를 중시하는 자유민주주의 국가이지만 헌법적 사실과 현실은 일치하지 않는다. 한국인의 삶을 실제로 지배하는 것은 헌법적 규정보다는 집단주의적 심성이다. 물론 헌법적 사실의 규정력을 무시할 수는 없다. 어쨌든 그것은 살아서 작동하고 있기 때문이다. 하지만 대한민국의 현실은 그러한 헌법적 사실보다도 훨씬 더 강력하고 뿌리 깊은 사회문화적 전통에 의해 결정된다. 앞서 대한민국을 혁명국가라고 했지만, 이 점에서 대한민국은 서구의 근대국가와 많이 다르다. 대한민국은 근대 혁명국가라기에는 전통국가와의 연속성이 너무 강하다. 대한민국의 외형은 민주공화국으로서 서구의 근대국가와 다르지 않다. 하지만 그러한 대한민국의 외면을 한 꺼풀만 벗겨보면 그 내면은 여전히 중세국가의 그것에 가깝다.[51]

정체성에는 동일성과 차이가 공존한다. 만약 내가 타자와 동일하기만 하고 차이가 없다면 그것은 내가 아닐 것이고, 차이만 있고 동일성이 없다면 나는 아예 타자와 비교할 수도 없는 전혀 다른 존재일 것이다. 이처럼 정체성에는 동일성과 차이가 공존한다. 그래서 무엇이 같고 무엇이 다른가를 아는 것이 중요하다. 조선과 대한

51 나의 책 『이상한 나라, 대한민국』은 이러한 대한민국의 불균형한 정체성의 문제를 집중적으로 파고 든다. 특히 2부 '대한민국의 도상학'이 그렇다. 여기에서는 국기에서부터 광화문광장에 이르기까지 대한민국의 영혼이 조선시대의 그것에서 벗어나지 못함을 비판적으로 분석하고 있다.

민국은 무엇이 같고 무엇이 다른가. 조선과 대한민국은 동일한 종족적 정체성을 가진다. 하지만 국체나 정체는 전혀 다르다. 이처럼 조선과 대한민국의 정체성에는 동일성과 차이가 있다. 하지만 실제 한국인에게는 종족적 동일성이 다른 요소들을 무시할 정도로 압도적으로 지배적이다. 한국인의 정체성은 강력한 종족주의에 지배되어 있고 그래서 조선과 대한민국의 차이(국체와 정체)는 무색해진다. 그래서 혁명국가 대한민국의 혁명성은 그만큼 퇴색된다. 이것은 바로 한국의 집단주의 때문이다.

한국의 근대는 문명충돌의 현장이다. 그것은 구조와 주체의 충돌이다. 자유민주주의라는 구조와 집단주의적 주체라는 부정교합의 충돌인 것이다. 이러한 충돌은 정치, 경제, 사회, 문화 등 한국 사회의 전 영역을 가로지르며 일어난다. 하지만 이것이 가로축의 충돌이라면 이와는 다른 결, 다른 층위에서의 충돌이 있다. 세로축의 충돌이라고 할까. 이는 앞 절에서 논의한 주체의 문제인데, 좀 더 정확하게 말하면 주체의 문명충돌이라고 할 수 있을 듯하다. 아무래도 그것은 주체의 충돌, 주체 간의 충돌, 주체 안의 충돌로서 전근대 주체와 근대 주체의 충돌이라고 할 수 있을 것이다. 그리하여 이제까지 빠트린 이 물음에 답을 해야 한다. 한국 근대의 주체는 누구인가.

근대를 단지 구조가 아니라 주체라는 측면에서 접근할 때 가장 주목해야 하는 것은 주체의 주체성(subjectivity), 달리 말하면 집합적인 심성(mentalité collective)이라고 할 것이다. 전근대와 근대의 차이를 집합적인 심성이라는 관점에서 보면 그것은 집단주의와 개인주의의 차이로 나타난다. 집단주의는 전근대적인 주체성, 개인주의는 근대적인 주체성의 표출이기 때문이다. 따라서 전근대와 근대의 문명충돌에서 가장 핵심적인 부분은 바로 이 주체성, 즉 집단주의 주체성과 개인주의 주체성 사이에서 발생한다.

한국 근대의 주체는 집단주의적 주체이다. 그런데 집단주의적 주체는 전근대적 주체이지 근대적 주체가 아니다. 한국의 근대가 외재적 근대라는 말은 바로 근대의 내재성, 즉 주체의 차원이 결여되어 있다는 말과 다름없다. 따라서 한국 근대는 '주체없는 근대'이다. 개인이라는 주체가 없다는 말이다. 집단주의란 국가, 민족, 가족 등의 집단을 개인보다 위에 두는 가치관이다. 한국은 오래된 집단주의 사회이다. 한국인의 의식은 집단주의에 깊이 물들어 있다. 그런데 사실 서구의 근대를 제외하면 인류 역사상의 모든 사회는 다 집단주의적이다. 역사적으로 보면 집단주의 사회야말로 보편적이며 개인주의 사회는 서구 근대에서만 발견할 수 있는 매우 예외적인 사례일 뿐이다.

집단주의가 보편적인 것은 인간이 오랫동안 집단을 중심으로 삶을 영위했기 때문이다. 인간은 태초부터 공동으로 생산하고 공동으로 방어해왔다. 사냥이든 농경이든 집단적으로 생활하는 것이 효율적이었다. 외적으로부터 자신을 방어하고 전쟁을 하기 위해서는 집단을 이루어야 했을 것이다. 이러한 삶의 방식에 최적화된 것이 집단주의였다. 물론 그 집단은 상명하복의 위계질서에 의해 유지되었다. 따라서 이제까지 존재해왔던 인류 역사상의 모든 사회는 집단주의였다고 해도 과언이 아니다. 그런 점에서 한국 사회도 예외가 아니었다. 다만 지금으로부터 500년 전쯤 인류 역사에서 이제까지 볼 수 없었던 새로운 주체와 사회가 등장했으니 그것이 바로 개인과 개인주의 사회이며, 이러한 주체와 구조에 기반 한 문명이 바로 서구 근대문명이다.

개인과 개인주의에 대한 이해에서 가장 중요한 것은 이것이 개인과 집단이 맺는 관계의 방식이라는 사실이다. 개인주의는 인간이 개인 단위로 홀로 산다는 의미가 아니다. 로빈슨 크루소가 아닌 이상 인간은 모두 집단을 이루며 산다. 개인주의자도 집단을 이루며 산다는 점에서 집단주의자와 다르지 않다. 따라서 집단주의는 집단을 이루고 개인주의는 집단을 이루지 않는다는 것은 어불성설이다. 집단주의와 개인주의의 차이는 개별 인간이 집단과 관계 맺는 방식의 차이이지 집단적 삶의 여부 문제가 아니다.

집단주의는 집단을 개인보다 위에 두는 가치관이다. 그러니까 집단 전체의 가치가 중요하며 개인은 거기에 따라야 한다는 것이다. 개인은 집단을 위해 봉사해야 하며 경우에 따라서는 희생될 수도 있다고 본다. 대(大)를 위해 소(小)가 희생되어야 한다는 논리이다. 그에 반해 개인주의는 집단이 개인보다 위에 있는 삶의 단위가 아니라 집단 자체를 개인들이 만들어낸 하나의 관계로 이해한다. 따라서 집단으로서의 사회는 실체가 아니며 어디까지나 개인과 개인이 만나 형성한 관계일 뿐이다. 간단히 말하면 집단주의는 개인보다 집단을, 개인주의는 집단보다 개인을 더 우선시하는 사고방식이다.

"중세에는 인간 의식의 양면-바깥 세계를 향한 의식과 인간 내면을 향한 의식-이 하나의 공통된 베일을 쓰고 꿈을 꾸거나 반쯤 깨어난 상태였다. 그 베일은 신앙과 어린애 같은 집착과 망상으로 짜여 있었기 때문에 그것을 통해 바라본 세계와 역사는 기묘한 색채를 띠었다. 그리고 인간은 자기 자신을 인종·민족·당파·단체·가족 따위의 보편적 범주로만 이해하였다.

그런데 이탈리아에서 처음으로 이 베일이 바람에 날려갔다. 국가를 비롯한 이 세계의 모든 사물을 객관적으로 바라보고 다루는 눈이 싹튼 것이다. 더불어 주관적인 의식도 강하게 고개를 들면서 인간은 정신적인 개체가 되었고 스스로를 그렇게 자각하였다."[52]

부르크하르트에 따르면 개인은 르네상스 시대에 탄생했다. 르네상스는 중세와 근대를 가르는 분기점이다.

"그러나 무엇보다도 중세와 근대를 대비시킨다는 차원에서 논의하게 될 때 우리는 무엇보다도 근대를 공동체에 개인을 대비시키는 원리로 이해해야 할 것이다. 중세의 기본적인 원리는 무엇보다도 공동체라 할 것이다. 공동체는 신분, 마을, 종족 등 다양한 원

52 야코프 부르크하르트, 이기숙 옮김, 『이탈리아 르네상스의 문화』, 한길사, 2003, 201쪽

리에 의해 구성되었다. 어느 원리에 의해 공동체가 구성되었건 혹은 이러한 공동체들의 집적으로 이루어진 문화공동체 혹은 문명공동체라 하더라도, 이 각종의 공동체가 개인성보다 우위에 설정되어 있어 공동체로부터 출발해 개인의 문제가 설정되었다는 것을 부인하기 어렵다. 공동체의 조직원리가 개인성을 규제했기 때문에 개인은 공동체에 대비한 개인을 개성의 원리로 부각시킬 수 없었다. 이에 비해 근대세계는 상대적으로 개성의 원리를 사회 구성의 중심으로 설정한다.

무엇보다도 이러한 점이 분명하게 정리된 곳은 사회체제로서의 정치와 경제의 영역에서였다. 개인을 정치체를 구성하는 원리로 설정한 사회계약 이론이나 경제적 이해관계에 따라 행동하는 개인을 경제의 주체로 설정한 자본주의 체제의 이론은 그러한 점에서 하나의 공통점을 가지고 있는 것이다. 개인은 사회를 설명하는 기본적인 인식 요소로 사용된다."[53]

한마디로 근대의 정치와 경제는 개인을 전제로 하여 성립된 체제라는 것이다. 근대국가는 개인의 자유와 평등, 인권을 기본 개념으로 삼으며 시장경제는 개인의 소유와 교환을 기본 원리로 작동한다. 사회와 문화 역시 이러한 원리에 기초해 있다.

물론 서양에서 개인과 개인주의의 탄생 과정은 결코 간단하지 않았다. 르네상스와 종교개혁, 자본주의, 과학혁명 등의 과정을

53 권희영, 『한국사의 근대성 연구』, 백산서당, 2001, 64쪽

거치면서 조금씩 형성되어 온 것이다. 이것이 서구 근대문명의 형성 경로였다. 누차 말했다시피 한국 근대의 경로는 이와 결정적으로 달랐다. 정반대라고 해야 한다. 한국의 경우에는 근대 주체가 형성되기 전에 근대라는 구조가 먼저 외부로부터, 위로부터 주어졌던 것이다. 그리고 이후에도 지금까지 한국 사회에서 근대 주체는 좀처럼 형성되지 않고 있다. 그래서 한국의 근대를 가리켜 '(개인이라는) 주체없는 근대'라고 하는 것이다. 서구의 근대는 근대적 주체에 의해 내부로부터, 아래로부터 만들어졌지만 한국의 근대는 근대적 주체없이 외부로부터, 위로부터 만들어졌다. 이것이 서구 근대와 한국 근대의 가장 결정적인 차이이다.

한국의 정치와 경제 체제는 근대적이지만 사회와 문화는 근대적이지 않은 이유도 여기에 있다. 정치와 경제는 어느 정도 외재적으로 형성될 수 있지만, 사회와 문화는 주체에 의한 아래로부터의 생성 없이는 만들어질 수 없기 때문이다. 물론 사회와 문화도 민법이라든가 가족 제도, 교육, 문화예술 제도 등 어느 정도 외재적 구성이 가능하지만, 그러나 사회와 문화는 그 성격상 주체의 측면이 훨씬 더 결정적이기 때문에 가족이나 교육, 문화예술 제도 등만으로 근대성이 확보될 수는 없다.

물론 정치나 경제 제도도 주체없이 가능하지는 않다. 그래도 정치나 경제는 선거 등의 민주적인 제도나 시장에 의한 경제 제도 등의 외형적 차원이 자동적으로 결정하거나 강제하는 측면이 사회와 문화에 비하면 훨씬 더 강력하다. 여기에서 우리는 정치경제와 사회문화의 질적 차이를 발견할 수 있다. 정치경제는 사회문화에 비해 제도적 결정성이 크지만 사회문화는 정치경제에 비해 주체적 결정성이 더 크다고 말할 수 있다. 그래서 한국의 정치경제는 근대적이지만 사회문화는 전근대적이라고 하는 것이다. 그리하여 오늘날에도 한국인들은 민주주의를 집단주의적으로 실천하며 자본주의를 집단주의적으로 운영한다. 외재적 근대성의 구조적 효과는 내재적 전근대성의 한계로 인해 크게 제약된다.

집단주의의 윤리

집단주의를 유지하는 토대는 크게 혈통과 종교이다. 중세 유럽과 이슬람 문명이 종교 중심이라면 동아시아의 유교문명권은 혈통이 중심을 이룬다. 유럽과 이슬람의 집단주의는 종족이 다른 것은 별로 문제 되지 않고 종교만 같으면 된다. 유대인이 대표적이다. 하지만 동아시아의 유교문명권은 혈통을 가장 중시한다. 한국 역시 마찬가지이다. 유교를 종교로 보더라도 마찬가지이다. 유교는 기독교나 이슬람교와 같은 초월적인 면이 없다. 초월성이 없는 종교가 과연 종교일 수 있는가 하는 물음이 제기될 수 있는데, 굳이 유교의 초월성을 찾자면 그것은 기독교나 이슬람교 같은 신 중심의 초월성이 아니라 어디까지나 혈연공동체 내에서의 초월성이라고 할 수 있을 것이다. 유교의 신은 조상신(祖上神)이기 때문이다. 유교에서는 신격화된 조상이 기독교나 이슬람교의 인격신을 대신한다. 그래서 유교의 초월성은 그다지 강력하지 않다. 유교는 종교보다 차라리 도덕적 규범 체계에 더 가깝다고 할 수 있다.

집단주의를 움직이는 일차적인 원리는 권위주의이다. "전통사회의 특성 중 가장 기본적인 것은 엄밀히 계급화된 사회라는 것이다. 이 계급화된 사회에서 위계질서가 가장 존중받는 가치가 되는 것은 자명하다. 사람들은 그 안에서 상하 계층구조의 어느 부분엔가 소속되어 있으며 이 소속에 의해 신분이 결정되고 권리와 의무를 배분받는다. 이 위계질서를 지탱하는 것은 '권위'와 '복종'의 두 원리다."[54] 권위주의는 모든 전근대사회의 보편적 원리였다. 아무튼 강력한 유교사회인 한국은 그런 혈통에 근거한 윤리가 거의 종교적 수준에 올라가 있는 사회라고 할 수 있다.

권위주의가 집단주의 사회의 보편적인 원리라면 여기에 더해 한국 집단주의의 성격을 매우 독특한 것으로 만드는 원리를 또 하나 들지 않을 수 없다. 그것은 도덕주의(moralism)이다. 도덕주의는 도덕을 최고의 윤리적 덕목으로 삼는 이념이라고 할 수 있다. 유교의 이러한 성격에 대해서는 일본학자 오구라 기조가 잘 규명하고 있다.[55] 오구라 기조는 한국인의 도덕주의를 '도덕 지향성'이라는 말로 요약한다.

모든 이념이나 사상에는 내재적 측면과 외재적 측면이 있다. 이를 이념과 이데올로기라고 불러도 좋다. 내재적 측면이 이념으로

---

54 이 환, 『근대성, 아시아적 가치, 세계화』, 문학과지성사, 1999, 56쪽

55 오구라 기조, 조성환 옮김, 『한국은 하나의 철학이다』, 도서출판 모시는사람들, 2017, 참조

서 '말해진 것'이라면 외재적 측면은 이데올로기로서 '행해진 것'이라고 할 수 있다. 예를 들어 불교의 '자비(慈悲)', 기독교의 '사랑', 유교의 '인(仁)'은 해당 사상의 이념으로서 내재적 측면이라고 할 수 있다. 하지만 불교나 기독교나 유교가 그런 이념을 내세웠다는 것과 그들이 역사 속에서 실제로 어떻게 작용했는가 하는 것은 다른 문제이다. 불교, 기독교, 유교는 모두 오랫동안 국가종교로서 지배 체제를 정당화하는 이데올로기로 활용되었다. 이는 그들 종교가 내세우는 사상, 즉 내재적 이념과 일치하지 않는다. "종교는 거짓이지만 그것은 진리를 말하는 거짓이다"라는 마르크스의 말도 바로 이 점을 지적한 것이다. 종교의 내재적 측면과 외재적 측면은 반드시 일치하지 않는다.

"인민이 군주가 베푸는 위민 정책의 시혜자이거나 대상물이 아닌, 정치의 어엿한 주체임을 맹자는 여민(與民)으로 개념화한다. 얼핏 보기에 위민이나 여민이나 다를 바 없는 말 같지만, 그 사이는 하늘과 땅만큼 벌어져 있다. 여(與)는 '함께 더불어'를 뜻하는 글자다. 곧 인민과 군주가 더불어서 국가를 구성하며 또 정치를 함께 행한다는 뜻이 '여민' 속에 들어 있다."[56]

이런 것이 전형적인 내재적 읽기이다. 유교 텍스트가 말하고 있는 내용이다. 하지만 역사 속에서 유교가 실제로 그렇게 작용했

56 배병삼, 『우리에게 유교란 무엇인가』, 녹색평론사, 2012, 39~40쪽

는가 하는 것은 전혀 다른 문제이다. 유교의 실제는 결코 배병삼의 말처럼 그렇게 존재하지도 작용하지도 않았다. 물론 그렇다고 해서 이념의 내재적 측면을 무시해야 한다는 것은 아니다. 중요한 것은 이념의 내재적 측면과 외재적 측면을 각기 구분하면서 그것을 더 높은 인식적 지평에서 통합적으로 읽어내는 것이다. 우리는 오구라 기조에게서 바로 그러한 통합적 인식을 발견한다. '도덕 지향성'이라는 개념으로 말이다. 오구라 기조는 '도덕'을 통해서 유교의 내재적 측면을, 그리고 '지향성'이라는 개념을 통해서 유교의 도덕이 실제로 어떻게 작용했는가를 통합적으로 읽어낸다. 오구라 기조는 '도덕 지향성'이라는 개념을 가지고 유교의 내재적 측면과 외재적 측면을 하나의 인식적 사유로 빼어나게 꿰어내고 있는 것이다.

"한국은 '도덕 지향성 국가'이다. 한국은 확실히 도덕 지향적인 나라이지만, 그렇다고 해서 이것이 한국인은 언제나 모두 도덕적으로 살고 있음을 의미하는 것은 아니다. '도덕 지향적'과 '도덕적'은 다른 것이다. '도덕 지향성'은 사람들의 모든 언동을 도덕으로 환원하여 평가한다. 즉 그것은 '도덕 환원주의'와 표리일체를 이루는 것이다."[57] 이는 도덕이 한국인에게 삶의 최고 목적이라는 말이 아니다. 반대로 도덕이 삶의 최고 수단이 되고 있다는 것이다. 수긍하지 않을 수 없다.

이는 한국 지식인들에게서 발견할 수 없는 탁월한 성취이다.

57 오구라 기조, 13쪽

한국 지식인들 역시 한국 문화의 성격을 규명하려는 시도를 해왔다. 이규태나 이어령 같은 말장난에 가까운 것들은 논외로 하더라도, 일련의 진지한 시도들 역시 대부분 산만함을 벗어나지 못한다. 그들은 기껏해야 몇 가지 패턴을 읽어냈을 뿐, 오구라 기조처럼 하나의 개념으로 꿰어내지는 못했던 것이다. 예를 들어 김영명[58]은 한국인의 속성으로 획일성, 집중성, 극단성, 조급성, 역동성을, 강준만[59]은 냉소주의, 역동성과 조급성, 평등주의 등 10가지의 한국인 코드를, 정수복[60]은 현세적 물질주의, 감정우선주의, 가족주의, 연고주의, 권위주의, 갈등회피주의 등을 한국인의 문화적 문법으로 들고 있다. 이처럼 한국의 지식인들은 한국 문화의 특성을 몇 가지로 추리는 작업을 해왔다. 하지만 이러한 분류는 다분히 자의적이어서 어떻게 묶는가에 따라서 여러 가지 다른 패턴이 나올 수 있다.

하지만 오구라 기조는 이를 '도덕 지향성'이라는 하나의 개념으로 전부 관통해서 읽어낸다. 이러한 능력을 한국 지식인들에게서 발견할 수 없는 것은 유감이다. 물론 오구라 기조가 외국인이어서 더 객관적 관찰이 가능했기 때문이라고 볼 수도 있지만, 여기에는 한일 지식인 간의 근본적인 실력 차이가 있다고 생각한다. 이는 마치 "일신독립, 일국독립"이라고 말한 19세기의 개화사상가 후쿠자와 유키치에 대응할 정도의 지식인을 아직도 한국에서 찾을 수 없는 것과 같다고도 할 수 있다. 아무튼 도덕주의는 한국인의 문화적

58 김영명, 『단일사회 한국, 그 빛과 그림자』, 이담북스, 2011.
59 강준만, 『한국인 코드』, 인물과사상사, 2006.
60 정수복, 『한국인의 문화적 문법』, 생각의나무, 2007.

문법, 그것을 관통하는 윤리적 성격을 하나로 포착해내고 있다고 보아야 한다.

그러면 도덕주의란 무엇인가. 도덕주의는 일단 '도덕의 지배(도덕+주의)'를 가리킨다고 할 수 있다. 그러면 다시 도덕의 지배란 무엇인가. 일단 도덕이 비폭력적인 지배 방식임을 알아야 한다. 우리는 인류의 역사에서 직접적인 폭력이 오랫동안 지배의 수단이었을 것임을 충분히 짐작할 수 있다.

"로마인들은 '졌지만 옳다'라든가 '이겼지만 그르다'라는 관념을 쉽게 인정하지 않았다. 단적으로 표현한다면, 그들에게는 승패의 여부가 곧 선악의 여부였다. 모든 것은 전쟁, 아니 전투의 결과에 따라 결정되었다."[61]

아마 그랬을 것이다. 인류의 역사는 오랜 폭력의 지배로부터 비폭력의 지배로 진화해왔다고 보아야 할 것이다. 이러한 전환은 야스퍼스가 말한 '축의 시대(Achsenzeit)'를 가리킨다고 보아야 하지 않을까. 이제 지배는 폭력보다는 비폭력적인 방법에 더 많이 의존하게 된다. 그것은 인간의 의식이 발전한 결과이기도 하지만, 그 못지않게 비폭력이 폭력보다 훨씬 더 비용이 적게 드는 효율적인 지배의 방법이기 때문이었을 것이다. 비폭력적인 지배의 대표적인 수단이 바로 종교와 도덕이다.

---

61 이정우, 『세계철학사 1』, 도서출판 길, 2011, 538쪽

"공자는 폭력에 의한 통치를 부정하고 '예(禮)'와 '인(仁)'에 의한 통치를 주장했습니다. 또 그는 주술에 의한 통치를 거부했습니다. 예를 들어 '괴력난신을 말하지 않는다'고 하고, '내가 아직 삶을 모르는데, 어찌 죽음에 대해서 알겠는가'라고 말했던 것입니다. 즉 공자는 폭력과 주력이라는 '위(爲)'를 부정하려고 했던 것입니다. 따라서 공자는 『노자』에서 작위성 때문에 비난을 받고 있지만, 노자와 다른 의미에서 '무위'를 추구했다고 말할 수 있습니다."[62]

동아시아에서 도덕 정치의 기원은 유교일 것이다. 가라타니 고진의 말처럼 유교는 직접적인 폭력과 주술에 의한 통치를 부정하고 인(仁)과 예(禮)에 의한 통치를 주장했다는 점에서 분명 한 단계 문명화된 것이라고 할 수 있다. 홍콩배우 주윤발이 나온 영화 「공자」[63]를 보면 공자가 순장(殉葬)을 피해 달아나는 소년을 숨겨주면서 순장제 폐지를 주장하는 장면이 나온다. 순장제 폐지는 폭력에 의한 지배를 거부하는 의미를 갖는다. 역시 공자에 의한 인(仁)의 지배의 의미를 극적으로 보여준 장치가 아니었나 생각된다.

조선 500년을 지배한 것도 이러한 도덕 통치였다. 하지만 도덕 통치 역시 한계와 모순을 간직하고 있음은 물론이다. 직접적인 폭력을 부정했다고 해서 폭력이 없었던 것도 아니고 '폭력적인'(?) 지배가 없었던 것도 아니다. 조선시대의 사화(士禍)에서 보듯이 피비

62 가라타니 고진, 조영일 옮김, 『제국의 구조』, 도서출판b, 2016, 140~141쪽

63 호 메이 감독, 2010.

린내 나는 권력투쟁도 도덕을 무기로 삼았다. 아무튼 조선은 비폭력적인 지배 방식인 유교에 의한 지배 체제였다. 조선의 유교 통치는 14세기 건국과 함께 실시되지만 이것이 전사회로 확산되는 것은 16세기에 이르러서이다. 양난(兩難)을 치르고 사림파가 등장하는 등 일련의 체제 강화 노력을 통해 도덕주의가 전 조선인에게 완전히 내면화된다.[64]

오구라 기조는 이렇게 말한다. "한국 사회는 사람들이 화려한 도덕 쟁탈전을 벌이는 하나의 거대한 극장이다."[65] 이렇게 도덕 쟁탈전을 벌이기 위해서는 자신을 도덕적 주체로 만들어야 하는데, 그것은 어떻게 가능한가. 오구라 기조는 여러 사례를 들고 있는데, 그가 놓치고 있는 것 중의 하나가 피해자 주체성을 가지는 것이다.[66] 다시 말해서 한국 사회에서의 도덕 쟁탈전의 경쟁력을 갖기 위해서는 자신을 도덕적 주체로 자리매김해야 하는데, 이때 가장 효과적인 방법이 자신을 피해자 주체로 만드는 것이라는 사실이다. 피해자적 주체=도덕적 주체가 되는 것이다. 한국인에게 익숙한 '약소민족의 설움'이니 '한(恨)'[67]이니 하는 것들은 모두 한국인이 자신을 피해자 주체로 만듦으로써 도덕적 우위에 서기 위한 기믹(gimmick, 비밀장치, 트릭)인 것이다. 피해자 주체성은 한마디로 우리는 당했다, 나는 피해자다, 따라서 우리는 도덕적으로 우월하고, 그래

64 이른바 효자, 효부, 열녀비 등이 세워지는 것이 이때이다.

65 오구라 기조, 22쪽

66 임지현은 이를 희생자 의식(victimhood)이라고 부른다. 『희생자 의식 민족주의』, 휴머니스트, 2021.

67 니체는 원한(ressentiment)을 노예도덕이라고 부른다.

서 당신보다 훌륭하다, 라는 현실적·정신적 우위를 점하기 위한 전략의 일환인 것이다. 오늘날 한국에는 도덕을 적극적으로 실천하지 못하더라도 최소한 자신을 피해자연 함으로써 도덕적 주체가 될 수 있다. 도덕주의는 한국인의 피와 살이 될 만큼 완전히 내면화되어서 최약자조차도 도덕을 무기로 사용할 줄 안다. 한국인에게 도덕은 남을 공격할 때나 자신을 보호할 때나 최고의 무기가 되는 것이다. 이것이 바로 도덕주의이다.

사건사고가 나면 매스컴에서는 반드시라고 해도 좋을 정도로 희생자가 생전에 얼마나 착하고 이웃에 다정한 사람이었는가를 취재해서 내보낸다. 망자가 좋은 사람임을 밝히는 것이다. 어쩌면 이것은 무속에서의 씻김굿 전통이 배어 있는 것일 수도 있지만, 희생자를 도덕적 주체로 만들어 비극성을 더 커지게 만들려는 전략인지도 모른다. "위대한 인간이 운명에 도전하다가 자신의 과오로 운명 앞에 쓰러지는 이야기"라는 아리스토텔레스의 비극의 정의와는 전혀 다르다. 한국에서는 착한 사람이 죽는 것이 비극이다. 아니 죽은 사람이 착해야 한다.[68] 따라서 사람들의 삶이 전부 멜로드라마가 된다. 멜로드라마는 자신을 약자화 함으로써 비극성을 만들어내는 문화적 기제라고 할 수 있다.[69] 이 역시 희생자를 도덕적 주체로 만들

68 경찰과 소방대원 등 공직자가 임무를 수행하는 과정에서 희생되는 것은 그의 인격과 상관없이 그 자체로 보상하고 추모되어야 한다. 하지만 한국의 매스컴은 한결같이 그들이 평소에 얼마나 동료애가 강하고 착한 사람이었는지를 집중해서 보도한다. 이것은 그들 희생의 본질과는 아무런 상관이 없는 멜로드라마화일 뿐이다.

69 "멜로드라마에 관해 잘 정리된 한 연구에 따르면, 멜로드라마란 다섯 가지의 핵심 구성요소가 다양하게 결합되어 있는 일종의 '개념군(cluster concept)'인데, 그 다섯 가지 요소는 1) 강력한 파토스, 2) 과장된 감상성, 3) 도덕적 양극화, 4) 비고전적 내러티

어 사고를 더욱 비참하게 보이도록 하는 매스컴의 극장화 효과의 하나라고 할 수 있다.

문제는 한국 사회의 도덕주의가 근래 더 강해지고 있다는 사실이다. 20년 간격을 두고 일어난 참사들에 대해 생각해보자. 1994년 성수대교·1995년 삼풍백화점 붕괴와 2014년의 세월호 침몰 사고에 대한 반응을 비교해보면 그 사이에 한국 사회가 크게 퇴행했음을 알 수 있다. 삼풍백화점 붕괴는 500명이 넘는 희생자가 나와 그 피해 규모가 세월호 침몰보다 더 컸다. 하지만 당시 성수대교와 삼풍백화점 사고에 대한 한국 사회의 반응은 성찰과 참회였다. 하지만 그로부터 20년 뒤에 일어난 세월호 사고는 '잊지 않겠습니다'로 대표되는 감정적인 선동과 정치적 이용으로 일관됐다. 성수대교와 삼풍백화점 사고 당시 이를 정치적으로 이용하는 세력은 아무도 없었다. 이를 특정 대상에 대한 원한의 수단으로 삼지도 않았다. 다만 한국 근대화의 부실과 무책임에 대한 반성과 통찰이 있었을 뿐이었다.

하지만 세월호 사고는 진상 규명과 반성보다도 원한감정을 불러일으켜 정치적 도구로 삼으려는 경향이 강했다. 한마디로 합리주의에서 도덕주의로 퇴행한 것이다. 한국 사회의 근대성이 성찰적 근대성으로 나아가기는커녕 전근대성으로 후퇴한 것이다. 한동안 독일 사회학자 울리히 벡의 『위험사회』라는 책이 화제가 되고 많이 읽혔다. 근대사회가 안고 있는 구조적 위험성에 대한 경고였다. 하

브(즉, 행위의 에피소드적 연발), 5) 스펙터클 효과 등이다. 어떤 연극이나 영화, 혹은 문학 작품을 멜로드라마로 지칭하는 데에는 이것 중의 단 두세 가지, 심지어는 단 하나의 요소만으로도 충분할 수 있다." 김 철, 『우리를 지키는 더러운 것들』, 뿌리와이파리, 2018, 24쪽

지만 이러한 것은 담론으로만 소비되고 한국 사회에 아무런 실질적 영향을 주지 못한 듯하다. 한국 사회는 근대의 재난에 대해 주술적인 반응을 보였다. 과연 1994/95년과 2014년 사이에 무슨 일이 벌어졌던 것일까.

1997년 제2회 광주비엔날레 국제학술심포지엄에서 재미학자 최정무는 '주술과 근대성(Sorcery and Modernity)'[70]이라는 글을 발표했다. 최정무는 성수대교와 삼풍백화점 사고를 제국주의의 주술에 사로잡힌 식민주의의 결과이며, 그것은 한갓 근대화의 구경꾼의 위치에 있던 한국인들이 일본 제국주의자들의 근대적 산물을 겉으로만 모방한 결과라고 지적하였다. 다시 말해서 성수대교와 삼풍백화점은 한국인들의 얼치기 근대화가 만든 가짜 구조물이며, 그것은 근대화의 주인공이 되지 못하고 구경꾼에 지나지 않았던 한국 사회의 필연적 결과라는 신랄한 비판이었다.[71]

이처럼 성수대교와 삼풍백화점 사고는 성찰의 대상이 되었을지언정 정치적으로 이용하거나 원한감정을 불러일으키는 목적으로 활용되지는 않았다. 하지만 그로부터 20년 뒤인 세월호 참사는 전혀 다른 반응을 낳았다. 세월호 참사는 원한을 불러일으키고 정치적 목적으로 오용되었다. 온갖 음모론이 난무했고 진상 규명을 핑계로 진실을 질질 끌며 밝히지 않았다. 최정무가 성수대교와 삼풍

70 이 글의 수정본이 다음 문헌에 실렸다. 고길섶 외, '경이로운 식민주의와 매혹된 관객들', 『문화 읽기: 삐라에서 사이버 문화까지』, 현실문화연구, 2000.

71 최정무는 자크 라캉의 영향을 받은 영화 이론가 로라 멀비(Laura Mulvey)를 인용하면서 '식민지 관객성(colonial spectatorship)'이라는 개념으로 당시 식민지 조선인의 경험을 비판적으로 기술한다.

백화점 사고에 대해 식민주의의 결과라며 성찰적으로 접근한 것이 무색하게 한국 사회는 다시 전근대적인 주술사회로 회귀하고 만 것이다. 이것은 결국 한국 사회의 근대화가 직선적으로 나아가지만은 않는다는 것을 말해준다. 이것은 전근대의 회귀인 것이다. 그리고 이는 민주화 이후 한국 사회의 헤게모니가 우파로부터 좌파로 넘어간 것과 결코 무관하지 않다. 비록 우파의 권위주의와 돌격 근대화가 폭력적이고 부실 근대화의 면모를 가지고 있었던 것은 사실이지만, 좌파의 민중주의는 그 근대화의 성과마저 부정하고 다시 전근대로 회귀하려는 충동을 보여주는 것이라고 하지 않을 수 없다. 끊임없이 자신을 피해자로 만들어 도덕 권력을 쟁취하려는 행위, 그것이 바로 전근대로의 회귀인 것이다.

도덕주의의 문제는 그것이 도덕적이지 않다는 것이다. 도덕주의는 도덕적 행위의 결과로서 얻어지는 책임도덕이 아니라, 자신을 약자의 위치에 놓음으로써 발생하는 하나의 효과, 즉 '동기화된' 도덕이며 그리하여 '권력화된' 도덕이라고 할 수 있다. 그런 점에서 도덕주의의 도덕은 타자를 지배하기 위한 수단으로서의 도덕이며 가장 타락한 형태의 도덕이라고 할 수밖에 없다.

인간 사회의 지배 방식을 폭력에서 주술로, 주술에서 도덕(종교)으로, 도덕(종교)에서 다시 합리(세속)에 의한 것으로 바뀌어왔다고 모형화할 수 있다면, 현재 한국은 중세의 장기지속에 의한 도덕 통치의 단계로 회귀하고 있다고 볼 수 있는데, 이것을 극복하는 방법은 세속적 합리주의 밖에 없다고 하겠다. 서양의 경우에도 중세까지는 종교에 의한 도덕 통치가 행해졌다. 다만 이것이 근대가 되면서 세속적 합리주의에 의한 통치로 전환된 것이다. 이런 점에서도 한국의 도덕 통치를 극복하는 길은 세속적 합리주의가 뿌리내리는 것, 즉 근대화 밖에 없다고 생각한다. 합리주의의 한계와 모순은 또 그것대로 따지더라도 일단은 그것이 도덕주의보다는 더 문명화된 것이라고 보아야 한다.

동의에 의한 지배는 근대가 되면서 개인주의 사상과 시민사회가 형성되고, 더 이상 초개인적인 가치(종교와 도덕)에 의한 지배가 가능하지 않게 되면서 등장한다. 민주주의가 그것이다. 하지만 민주주의는 지배받는 자의 동의, 즉 지배하는 자와 지배받는 자의 일치를 목표로 하기 때문에 쉽지 않다. 즉 지배하는 자와 지배받는 자의 수준이 같아야 하기 때문이다. 민주주의가 이루어지기 위해서는 대중의 수준이 매우 높아야 한다. 한국 사회에서 민주주의가 잘 이루어지지 않는 이유는 바로 여기에 있다. 한국은 여전히 조선시대의 도덕정치가 강력한 영향력을 행사하고 있으며, 근대적인 시민의식은 매우 약하다. 그래서 도덕 지배에 휘둘리는 우민정치를 벗어나지 못한다. 지금 한국 사회가 빠져 있는 딜레마가 이것이다. 민주주의 정치 제도를 채택하고 있지만, 의식은 조선시대의 도덕정치를 벗어나지 못하기 때문이다.

2차 근대화를 위하여

인식의 전환: 민족사에서 문명사로

2차 근대화를 위해서 가장 먼저 요청되는 것은 인식의 전환인데, 정확하게 말하면 역사적 인식의 전환이다. 다시 말해서 한국 근대사를 어떻게 볼 것인가 하는 것이다. 그동안 한국 근대사와 관련하여 가장 커다란 영향을 끼친 텍스트는 『해방전후사의 인식』[72]이다. 모두 5권으로 이루어진 이 책은 1980년대 이후 한국 지식인의 근대 인식에 결정적인 영향력을 행사해왔다. '해방전후사의 인식'이라는 제목처럼 이 책은 '해방', 즉 1945년 일제로부터의 해방을 분기점으로 삼아 한국 근현대사를 조망한다. 즉 해방 이전과 이후 한국 사회가 어떻게 변화해왔는지를 비판적으로 살펴보는 것이다.

1945년의 해방이 근대사의 중요한 사건임은 분명하다. 다만 해방이 한국의 근대사를 전후로 나눌 만큼 중요한 사건인지는 의문이다. 해방을 기준으로 한국 근현대사를 본다는 것은 결국 민족의 관점에서 역사를 본다는 것이다. 민족사관인 것이다. 하지만 민족이 아닌 문명이라는 관점에서 보면 이야기는 달라진다. 문명의 관점에서 볼 때 지난 100여 년간에 가장 중요한 사건은 1945년의 해방이 아니라 근대의 출발인 1876년의 개항이다. 일제 식민지로부터의 민족 해방도 중요하지만, 그보다 중세로부터 근대로의 전환이라는 문

72 송건호 외, 한길사, 1979~89.

명사적 사태가 훨씬 더 중요하고 근본적이다. 민족사관보다 문명사관이 역사적 시야에서 더 먼저이고 더 위에 있는 것이다.

이에 대해 "탈민족과 문명사의 관점에서 지난 20세기의 한국사를 전면적으로 재해석하고자"[73]하는 이영훈은 "지난 50년간 민족주의 역사학이 20세기 한국사의 기본 줄기를 얼마나 심하게 왜곡해왔던가를 드러내고자 하였다. 그러고선 본성이 자유이고 분별력 있는 이기심인 인간 개체가 민족의 대안이라고 주장해왔다. 그런 인간을 역사의 기본 단위로 놓고 그들이 엮어낸 생산과 시장과 신뢰와 법치와 국가의 역사로서 20세기 한국사를 다시 써야한다고 제안"[74]한다. 이영훈은 이를 '민족사에서 문명사로의 전환'[75]이라고 규정한다.

『해방전후사의 인식』이 민족사관을 대변한다면 이영훈의 일련의 저술들은 문명사관을 강조한다고 할 수 있다. 그리고 우리는 민족사관보다 문명사관이 한국 근대사의 실체에 대해 훨씬 더 거시적이고 객관적인 시각을 갖게 해준다고 말할 수 있다. 그런 관점에서 볼 때 한국 근대사 최대의 사건은 해방이 아니라 개항이 되어야 한다. 왜냐하면 개항이 바로 근대의 시작이기 때문이다. 역시 그런 점에서 '해방전후사에서 개항전후사로'라는 방향은 민족사관으로부터 문명사관으로의 전환을 의미한다.

---

73 이영훈, 『대한민국 이야기』, 기파랑, 2007, 21쪽

74 이영훈, 『대한민국 이야기』, 6쪽

75 참조: 이영훈, '민족사에서 문명사로의 전환을 위하여', 임지현·이성시 엮음, 『국사의 신화를 넘어서』, 휴머니스트, 2004, 35~99쪽

말했듯이 '해방전후사의 인식'은 민족중심적 관점에서의 인식이다. 하지만 민족중심적 관점으로는 한국 근대의 의미를 제대로 알 수 없다. 왜냐하면 민족중심적 관점은 말 그대로 민족이라는 혈통 중심의 사고방식이며, 그것은 기본적으로 생물학적 연속성에 기반 해 있기 때문이다. 하지만 근대는 연속이라기보다는 거대한 단절의 역사이다. 이러한 단절 속에서 혈통에 기반한 연속성을 찾으려는 것은 정서적 갈망일 수는 있지만 객관적이고 냉정한 태도는 아니다. '해방전후사의 인식'으로는 근대 이전과 이후를 객관적으로 인식할 수 없다. 근대 이후에 대한 인식 역시 근대 이전에 대한 인식 없이 얻어질 수 없다.

아래에서 말하겠지만 민족 자체가 근대의 산물이다. 근대화가 되면서 기존의 신분이 해체되고 혈통을 중심으로 해서 새롭게 헤쳐 모인 집단이 민족인 것이다. 따라서 민족의 형성 역시 근대의 효과의 하나일 뿐이다. 그러한 민족을 이해하기 위해서라도 민족을 넘어선 시야와 사고가 필요한 것이다. 민족을 이해하기 위해서는 민족 바깥으로 나가야 한다. 집의 모습을 알기 위해서는 집 밖으로 나가야 하는 것처럼 말이다. '해방전후사의 인식'으로부터 '개항전후사의 인식'으로 한국 근대사를 보는 관점이 이동해야 한다. 민족사에서 문명사로 말이다.

주체의 전환: 집단에서 개인으로

1) 민족의 탄생

한국 근대의 주체는 '민족'이다. 민족은 한국이 근대화되는 과정에서 등장한 새로운 집단적 주체의 이름이다. 전통사회에서는 민족이 아니라 신분이 중심이었다. 전통사회의 정신적 토대는 혈통이지만, 그 혈통은 신분에 따라 분리되어 있었다. 양반과 평민은 혈통이 달랐다. 양반은 귀한 혈통이고 평민은 천한 혈통이었다. 그들에게 하나의 민족이라는 의식은 없었다. 조선시대 양반의 시조는 단군이 아니라 중국인 기자(箕子)였다. 이는 중국을 본가(本家)로 삼는 의식의 산물이라고 할 수 있다. 조선 양반의 혈통의식이 어떤 것인지를 말해준다. 그에 반해 평민의 혈통의식은 한결 납작했다. 시대마다 다르기는 했지만 양반은 4대조까지 제사를 지냈지만 평민은 1대조 밖에 제사를 지내지 않았다. 이것만으로도 양반과 평민의 혈통의식이 전혀 다름을 알 수 있다.

하지만 근대화 과정에서 신분이 해체되고 종족 전체가 하나의 혈통으로 대동단결 되는 새로운 공동체가 등장했으니 그것이 바로 민족이다. 이렇게 신분을 넘어서 하나 된 공동체의 새로운 시조로 모셔진 것이 바로 단군이다. 한민족은 조선시대의 기자를 대신하여 단군을 공동의 조상으로 삼아 등장한 새로운 종족공동체인 것이다. 그런 면에서 한국인의 종족적 범위는 근대에 들어와 더 확장되었다고 할 수 있다. 양반과 평민을 가르던 신분의 벽을 무너뜨리고 마침

내 하나의 피로 합쳐진 거대한 동일성의 주체가 형성된 것이다. 민족은 한국 역사상 가장 큰 단위의 종족 집단[76]이다. 이점이 서양의 근대적 주체와 결정적으로 가장 다른 점이다. 서양의 근대가 개인이라는 인간의 최소 단위를 발견했다면 한국의 근대는 민족이라는 종족의 최대 단위를 발명했다.

서양의 근대적 주체는 종족이 아니라 개인(individual)이다. 이러한 개인의 사회적 지위가 시민(citizen) 또는 국민(nation)이다. 흔히 민족이라고 번역되는 네이션(nation)은 종족집단을 가리키는 것이 아니다. 그런 점에서 네이션을 민족으로 번역하는 것은 틀린 것이다. 네이션은 국민으로 번역해야 한다. 민족은 종족의 구성원이고 국민은 국가의 구성원이고 시민은 사회(게젤샤프트)의 구성원인 것이다. 한국인은 민족과 국가를 구분하지 못한다. 이 둘을 구분하지 못하는 것이 바로 한국적 특수성이고 한국 근대 인식의 착종을 가져왔다.

그런 점에서 민족이라고 하더라도 한국의 민족과 서양의 민족은 그 의미가 전혀 다르다. 국민은 국가의 구성원으로서 국민과 국가의 관계는 계약관계이다. 국가는 국민의 생명과 재산을 보호하기 위해 존재하는 것이며, 그를 조건으로 국민은 국가에 일정하게 권리를 양도하고 충성한다. 그런 점에서 국가와 국민의 관계는 법률에 기반 한 계약관계에 속한다. 이것이 바로 모든 서양 근대 정치사상에 깔린 기본 전제이다. 하지만 한국에서 민족과 국가의 관계는 계약관계가 아니고 출생에 의해 무조건적으로 귀속되는 주종관계

76 종족은 가족, 씨족, 민족 등 혈통을 중심으로 하는 집단 단위들을 포괄하는 용어이다. 따라서 민족보다 종족이 더 상위의 일반 개념이라고 할 수 있다.

에 가깝다.

서구의 개인을 기준으로 보면 한국 근대에는 주체가 없다. 정확하게 말하면 종족공동체로서의 민족은 전근대적인 주체이지 근대적 주체가 아니다. 그것도 신분을 넘어서 확대된 혈통 중심의 전근대적 주체인 것이다. 물론 이러한 민족의 등장은 외세의 침략에 대응하는 과정에서 나타난 것이다. 근대를 침략으로 보는 관점에서 민족은 신분을 넘어선 전(全)종족적 대응인 것이며, 그래서 '저항적 민족주의'라는 관념이 등장한 것이다. 근대는 외세의 침략이며, 그러한 외세의 침략에 대항하는 것은 정당하다는 사고방식이 한국의 근대를 민족이라는 종족주의의 틀 안에 가두었다고 할 수 있다.

개항 이후 지난 150년간 한국 근대사의 주역이었던 민족은 이제 그 역할을 다하고 역사의 우리 속으로 들어가야 한다. 한국 민족에게는 민족통일이라는 과제가 아직 남았다고 강변하는 사람이 있을지도 모른다. 하지만 나는 국가 건설, 경제 발전과 민족통일은 전혀 다른 차원의 문제라고 생각한다. 우리에게 통일이란 민족통일도 국가병합도 체제통합도 아닌 중세와 근대의 문명통합에 가까운 것이고 그것은 사실상 불가능한 것이다. 아무튼 이제 우리에게는 새로운 먹이를 찾아 울부짖는 한국의 민족주의라는 과대성장한 야수를 어떻게 다스릴 것인가 하는 절체절명의 과제가 남아 있다. 과연 우리는 이 야수를 통제할 수 있을까.

2) 개인의 부재

대상이 없으면 개념도 없다. 한국에는 개인이 없기 때문에 개인이라는 개념도 없다. 개념이 없어서 대상이 없다기보다는 대상이 없어서 개념이 없다고 보아야 한다. 그래서 다른 대상을 개인이라고 오해한다. 개념에 걸맞은 대상이 없기 때문이다. 고양이를 개라고 부른다면 실제로 개라는 대상은 없는 것이다. 거기에는 개라고 오해된 고양이가 있을 뿐이다. 대부분의 한국인들은 개인주의(individualism)를 이기주의(egoism)로 오해한다. 개인주의와 이기주의는 전혀 다를 뿐 아니라, 오히려 정반대된다. 한국인이 개인주의를 이기주의라고 부를 때 거기에는 사실상 개인주의가 없다. 개인주의로 오해된 이기주의만이 있을 뿐이다.

또 하나는 고립주의(isolationism)를 개인주의로 오해하는 것이다. 대표적인 것이 요즘 젊은 사람들의 행태를 가리켜 개인주의라고 말하는 것이 그렇다. 틀렸다. 요즘 젊은 사람들은 개인주의가 아니라 고립주의이다. 이기주의가 집단 내에서 개인의 이익만(!)을 추구하는 반공동체적인 의식이라면 고립주의는 집단주의 내에서 이탈하는 비공동체적인 의식이다. 이 둘은 비슷해 보이지만 다르다. 고립주의가 이기주의보다는 공동체에 덜 해로울 수 있어 보이지만, 그러나 고립주의는 언제든지 이기주의로 변모할 수 있기 때문에 기회주의적이다. 국제정치학에서 고립주의는 국제 분쟁에 개입하지 않고 중립적인 위치를 고수하는 것을 말한다. 미국이 대표적인데, 그러나 미국은 1, 2차 세계대전에서 고립주의를 버리고 과감히 개입주의로 변신했다. 아무튼 요즘 젊은 사람들은 개인주의가 아니라 고립주의에 가깝다.

이기주의와 고립주의는 둘 다 개인주의와 다르다. 이기주의는 집단주의 뒤에 숨어서 개인의 이익만을 추구하는 태도이다. 고립주의는 집단에 실망하여 집단으로부터 거리를 두려는 태도이지만, 여전히 개인과 집단의 관계에서 기회주의적인 면모를 보인다는 점에서 진정한 개인주의와는 거리가 멀다. 개인주의는 이기주의도 아니고 고립주의도 아니다. 개인주의는 집단 뒤에 숨어서 자신만의 이익을 추구하는 것도 아니고, 개인과 집단 사이에서 기회주의적인 태도를 보이는 것도 아니다. 개인주의는 남의 이익과 자신의 이익을 동등하게 존중하며, 평등한 공동체를 추구하는 태도이다. 한국인에게는 이기주의와 고립주의는 있어도 개인주의는 없다. 개인이 없기 때문이다. 모두 집단에 매몰되어 있거나 아니면 집단 뒤에 숨어서 눈만 껌뻑이며 자기 이익을 추구한다.

3) 근대 주체의 형성과 근대 수용기로의 전환

2차 근대화의 과제는 한마디로 하면 '주체의 근대화'이다. 이제까지 강조했듯이 지난 150년간의 근대화는 구조의 근대화였다. 그동안 우리는 근대국가를 건설하고 산업화를 이루었다. 하지만 아직 주체의 근대화는 이루어지지 않았다. 주체의 근대화는 곧 개인의 형성에 다름 아니다. 독립운동가 이승만은 대한민국을 세웠지만 그 에너지는 항일 민족주의였다. 박정희는 경제개발을 위해 전사회적 에너지를 총동원했지만 그 에너지 역시 민족 중흥의 집단주의였다. 이들은 근대국가 건설과 산업화라는 위업을 이루었지만, 그것은 모두 집단주의적인 방식에 의한 것이었으며, 거기에 개인은 없었다. 그들이 개인을 지워 없앤 것이 아니라 애초에 이 땅에는 개인이 없었다. 그런 가운데 이승만과 박정희는 집단주의적 열정과 희생을 대가로 국가 건설과 경제개발이라는 위업을 이루었다. 그런 점에서 그들은 마키아벨리가 말하는 비르투(virtu, 능력)를 보여주었다.

대한민국의 건설과 발전을 이끈 것은 바로 그러한 우파 권위주의였다. 그것은 이승만과 박정희라는 카리스마를 가진 지도자에 의한 위로부터의 근대화였으며, 그 과정에서 민주주의가 희생된 것은 부정할 수 없다. 하지만 어쩌면 애초에 희생시킬 민주주의조차도 없었다고 해야 정확할지도 모르겠다. 아무튼 대한민국은 공식적으로 자유민주주의를 내건 체제이고 그런 점에서 대한민국의 목표와 현실은 명실상부하지 않았다. 이승만은 자유민주주의 국가를 세웠지만, 그것을 실현할 여건이 부재했고[77] 박정희는 산업화라는 국가적 목표에 모든 것을 종속시켰으며 거기에 당연히 개인의 자유와 평등, 인권 같은 가치는 무시되었다. 박정희는 '잘 살아보세'라는 외침으로 '근면혁명'을 이루었는데, 그것은 서구의 프로테스탄트의 윤리와 비슷했지만 역시 근면의 주체는 개인이 아니었다.

아무튼 우파 권위주의 지도자들은 국가 건설과 경제개발을 이루었지만, 성공의 역설이라고 할까, 한계와 저항에 부딪히고 말았

77 이택선, 『취약국가 대한민국의 탄생』, 미지북스, 2020. 참조

다. 민주화의 거대한 물결이 그것이었다. 하지만 이제 와서 돌아보면 민주화는 민주주의화라기보다는 민중주의화였으며, 그 주체 역시 근대적 주체와는 거리가 멀었다. 이번에는 국가주의를 대신하여 민중주의라는 또 다른 집단주의가 이 땅을 휩쓸었던 것이다. 국가건설이든 경제개발이든 민주화이든 모두 집단주의적 열정에 의한 것이었으며 거기에는 근대적 주체인 개인이 없었다. 그나마 우파 권위주의 통치가 비록 개인을 희생시키기는 했지만 국가 건설과 경제개발이라는 생산적인 결과를 낳았다면 좌파 민중주의는 전근대적인 충동으로 역사를 퇴행시키고 있다. 이런 현실에서 우리는 과연 한국 근대화의 성과는 무엇이며 과제는 무엇인가를 근본에서부터 되짚고 묻지 않을 수 없다.

"우리나라에서 자유민주주의를 말하는 사람들이 자유와 민주주의라는 말은 꽤 자주 하지만 자유주의를 말하는 일은 별로 없다. 이는 참으로 괴이한 일이다. 자유민주주의란 자유주의를 바탕으로 하는 민주주의인데 자유주의를 말하지 않고 어찌 자유민주주의를 말할 수 있을까."[78]

그 이유는 개인이 없기 때문이다. 왜냐하면 한국의 자유민주주의는 자유주의 없는 민주주의이기 때문이다. 자유주의 없는 민주주의는 다른 말로 하면 개인주의 없는 민주주의라고도 할 수 있다. 이

78 노명식, 『자유주의의 역사』, 책과함께, 2011, 34쪽

게 도대체 무슨 말인가 하면 자유민주주의는 자유주의에 기반하고 자유주의는 개인주의에 기반하는데 한국에는 개인주의가 없기 때문에 자유주의가 없고, 자유주의가 없기 때문에 자유민주주의도 온전치 않다는 말이다. 이것은 말장난이 아니라 자유주의의 성격을 정확히 살펴보면 도달하게 되는 결론이다.

"자유주의의 핵심 가치가 자유임은 두말할 나위 없다. 그런데 이 자유는 개인적 권리, 종교적·정치적 관용, 이성과 진보, 입헌주의 등의 가치들과 유기적으로 결합되어 있고 이 가치들은 자유주의의 인간관과 사회관에 결합되어 있다. 그러면 자유주의의 인간관과 사회관은 어떤 것일까? 그것은 개인주의적인 인간관과 사회관이다. 따라서 자유주의의 철학적 핵심은 개인주의이다. 그러므로 자유주의란 무엇인가를 물으려면 무엇보다도 먼저 개인주의란 무엇인가를 물어야 한다. 거기서 자유주의는 자유를 구성하고 있는 가치들의 종합만으로는 이해될 수 없고, 그 가치들을 떠받들고 있는 개인주의적 인간관과 사회관을 포괄하는 하나의 세계관으로 이해될 때에 비로소 이해가 가능하다."[79]

물론 대한민국의 공식적인 체제는 자유민주주의이지만 이를 인정하지 않는 사람들도 많다. 대체로 좌파들은 대한민국의 자유민주주의를 부르주아 민주주의라고 부정하며 인민민주주의를 주장한

79 노명식, 37쪽

다. 이는 자유주의가 '자유'를, 인민민주주의가 '평등'을 핵심적 가치로 삼고 있기 때문이다. 우파는 자유를, 좌파는 평등을 강조한다. 그리고 한국의 집단주의적 전통은 자유보다도 평등에 훨씬 더 친화적이다. 그런 점에서 한국의 좌파야말로 전통적이며 민족적이다. 한국 좌파가 민족주의인 것은 결코 우연이 아니다.

사회주의자들은 부르주아 민주주의를 극복해야 한다고 말하지만, 정확하게 말하면 한국은 부르주아 민주주의 단계에 도달한 적이 없다. 대한민국의 자유민주주의 체제는 부르주아 민주주의를 표방하고 있지만, 현실은 아직 그렇지 못하기 때문이다. 그 이유는 역시 대한민국의 자유민주주의가 자유주의 없는 민주주의이기 때문이다. 그러면 자유주의 없는 민주주의는 어떤 민주주의인가. 말은 안 해도 그것은 인민민주주의에 가깝다. 대한민국의 자유민주주의 체제를 공식적으로 부정하지 않더라도 한국인 다수의 의식과 내면은 인민민주주의에 가깝다. 그리고 그 이유는 내가 사회주의를 전근대적인 사상으로 보는 것에서 찾을 수 있다. 이른바 태극기부대 등 아스팔트 우파들이 자유민주주의를 지켜야 한다고 말하지만 그들이 생각하는 자유민주주의는 자유주의 없는 민주주의일 뿐이다. 사실 그들은 자유주의 우파가 아니라 집단주의 우파라고 불러야 한다.

이 역시 한국의 근대화가 개인 없는 근대화, 즉 개인 없이 출발한, 개인 대신에 민족이라는 집단이 주체가 된 근대화이기 때문이다. 따라서 한국의 근대는 서구의 근대와 출발점 자체가 다르며 따라서 그 귀착점도 다르다. 이것을 배제한 어떠한 인식도 한국 근대의 특수성을 설명할 수 없다. 이러한 사정 역시 한국 근대화의 경로에서 찾을 수밖에 없다. 외부로부터의 근대화, 위로부터의 근대화 말이다. 다시 말해서 서구의 근대가 개인의 발견에서 출발했다면, 한국의 근대는 그러한 과정이 생략된 문명화 과정이었다는 것이다. 그리하여 한국 근대에 대한 인식에는 한국적인 방식의 퍼스펙티브가 필요하다. 그런 점에서 한국의 근대는 마치 조선 민화처럼 원근법이 뒤집어진 형태, 즉 가까운 것이 크게 보이고 먼 것이 작게 보이는 것이 아니라 반대로 가까운 것이 작고 먼 것이 크게 보이는 역방향의 원근법으로 접근해야 할지도 모른다.

이야기했듯이, 한국 근대의 주체는 개인이 아니라 민족이라고 부르는 거대한 집단이었다. 이는 서유럽의 그것과는 달리 전근대적인 종족에 기반을 둔 것으로서 외세의 도전에 대한 반응으로 뭉쳐진 하나의 거대한 인종적 덩어리이다. 한국의 민족은 전통적인 신분질서를 해체한 대신에 하나의 종족집단(ethnic group)로 뭉쳐진 것이었으며, 이는 한국 근대사가 보여주듯이 국가 건설과 산업화라는 위대한(?) 역사를 창조하는 괴력을 발휘했다. 이를 부정할 수는 없다. 하지만 국가 건설과 산업화 이후의 이른바 민주화시기에 오면서 한국의 민족주의는 또 다른 얼굴을 보여주고 있다. 외세에 대한 저항과 국가 건설, 산업화 과정에서는 엄청난 에너지로 작용했지만, 이제 기본적인 근대화 과제를 달성한 지금, 한국의 민족주의는 점차 다루기 힘든 위험한 야수로 변모하고 있다.

한국의 민주화가 이를 잘 보여준다. 한국의 민주화는 국가 건설과 산업화라는 압축적 근대화가 남긴 모순과 부조리를 극복하기 위한 것이었지만, 문제는 민주화의 동력 역시 민족주의였다는 것이다. 그런데 민주화는 민족주의라는 집단적 열정으로는 이룰 수 없는 것이다. 결국 한국의 민주화는 이러한 한국 근대화의 한계(개인의 부재)를 넘지 못하고 지금 보듯이 대혼란을 겪고 있다. 이제 민족주의라는 야수의 고삐를 쥔 것이, 그 야수를 이용해서 국가 건설과 경제 발전이라는 과제를 이룬 우파 권위주의 세력으로부터 좌파 민중주의 세력으로 대체되었기 때문이다. 근대화 전반기에 괴력을 과시했던 이 민족주의라는 야수는 한국인 자신을 위협하는 괴물로 변하기 시작했다.

외세에 대한 저항으로 등장한 한국의 민족주의는 마구 몸집을 불린 채 이제 인종주의 수준으로 발전하여 대외적인 적개심(반일·반미 등)과 내부적인 이탈자 물어뜯기(친일파와 토착왜구 사냥 등)로, 그 야수적 본성을 여지없이 드러내고 있다. 민중주의자들은 이러한 야수를 이용해 반대파를 위협하고 야수에게 먹이를 던져주면서 한국 사회를 파시즘 체제로 몰아가고 있다. 한민족의 독립과 건국과 부국의 에너지가 되었던 민족주의가 이제 한민족 최대의 위협으로 역전된 것이다. 과연 누가 이 야수를 다스릴 것인가. 어쩌면 파시즘은 불가피할지도 모른다. 한국의 경제가 어려워지면, 이 야수의 고삐를 쥔 채 누군가를 물어뜯으라고 부추기는 선동가가 분명 등장할 것이다. 그런 점에서 바로 지금이야말로 역설적으로 한국 민족주의 최대의 위기이며, 이에 대해 진지한 성찰이 필요한 때이다.

나는 이제 한국인이 민족이라는 집단적 정체성을 버리고 근대적 개인이라는 새로운 정체성을 가져야 한다고 생각한다. 근대 이전의 한국인은 신분적 정체성을 지녔지 민족적 정체성을 가지고 있지는 않았다. 조선시대 신분질서 하의 한국인도 한국인이었고, 근대 민족주의 시기의 한국인도 한국인이었고, 이후 다가와야 할 개인주의 시대의 한국인도 한국인이다. 민족주의적 정체성을 버린다고 해서 한국인이 없어지는 것은 아니다. 우리가 역사 속에서 확인할 수 있는 것은 한국인이라는 정체성 자체가 역사적으로 구성되고 바뀌어간다는 사실 뿐이다.

한국인이 민족에서 개인으로 바뀌야 한다. 이것만이 한국인이 새로운 역사와 문화를 창조할 수 있는 방법이기도 하다. 민족주의라는 집단주의적·전체주의적 방법으로는 더 이상 그러한 과제는 불가능하다. 한국인이 민족주의라는 야수에게 잡아먹히지 않고 살아남기 위해서라도 그래야 한다. 서구의 근대가 봉건계급과의 투쟁을 통한 시민계급의 형성으로 진행된 데 반해 한국의 근대는 그것이 외세와의 투쟁으로 대체됨으로써 봉건계급과의 투쟁이 간과되었다. 그 결과 근대화가 되었어도 전근대성이 광범위하게 잔존하게 된 것이다. 근대가 반외세 민족중심주의로 추진됨에 따라 전근대적인 것들이 민족이라는 이름으로 포용되었기 때문이다. 조선과 대한민국이 동일시되는 기막힌 현상도 그러한 구조로 설명될 수 있다.

한국의 근대화가 서구와 나른 경로와 순서로 진행되었다면, 이제 전근대 봉건계급과의 투쟁이라는 과제는 수구좌파와의 투쟁이라는 형태로 뒤늦게 도래하고 있다. 한국은 이제 본격적인 전근대 세력과의 투쟁에 나서야 하는 것이다. 종족은 인간의 자연적 본성에 뿌리를 내리고 있는 것이어서 종족적 정체성은 영원히 사라지지 않겠지만, 그러나 종족을 넘어선, 종족으로부터 벗어난 영역이 넓으면 넓을수록 자유는 증대한다.

자연은 필연적인 법칙의 영역이지만 자유는 선택의 영역이기 때문이다. 종족을 넘어선 개인이 많아질수록 자유는 증대된다. 그래도 종족적 정체성은 절대로 사라지지 않을 것이다. 그것은 인간의 일차적인 귀속성이기 때문이다. 하지만 그 속에는 생존, 안전 등의 가치는 있겠지만 자유는 그리 많지 않다. 자유는 인간이 자연적 법칙으로부터 벗어날 때 주어지는 가치이기 때문이다. 이제 한국인은 종족일원주의로부터 벗어나 더 많은 자유를 누릴 필요가 있고, 그것은 개인의 발견을 통해서만 가능하다. 남들이 모두 한목소리를 낼 때 나는 그러지 않을 권리, 그것이 바로 자유이기 때문이다.

"한국인의 내면적 자아의 공허함, 내면적 정신세계의 황폐함이야말로 오늘날 한국 사회를 특징짓는 가장 부정적 현상 가운데 하나라는 사실을 이해하기란 어렵지 않다. 그런 면에서 우리 사회에 자유주의의 전통, 그 가운데서도 내면성의 가치를 중심으로 자유주의의 전통을 뿌리내리게 하는 문제야말로 한국 민주주의의 토대를 강화하기 위한 핵심적인 문제라고 생각한다.

여기에서 나는 내면성의 중요성 그 자체에 관해 말하는 것이 아니라, 내면성 혹은 내면성의 부재가 민주주의에 대해 갖는 관계를 말하고 있는 것이다. 개인들이 스스로의 가치와 내면의 정신세계를 갖지 못하고, 바깥에 존재하는 가치와 기준에 의해 그리고 여론의 헤게모니적 힘에 의해 휩쓸리고 동원될 때, 민주주의는 위협받고 타락하기 쉽다."[80]

그런데 이것은 단지 민주주의의 문제만은 아니다. 하지만 민주주의를 위해서라도 우리가 해야 할 것은 내면성을 가진 주체의 형성이다. 그것은 '개인의 발견'이다. 국가 건설과 산업화라는 1차 근대화가 완료된 지금 나아가야할 다음 단계는 2차 근대화이며 2차 근대화의 과제는 바로 이것일 수밖에 없다. 더러 근대화와 서구화가 다르다고 하는데, 나는 다르지 않다고 생각한다. 이 둘을 굳이 구분하면서 서구화가 아닌 근대화를 해야 한다는 주장은 얼핏 주체적인 것 같지만, 그렇지 않다. 그것은 서구화를 거부하는 척 하면서 사실은 근대화를 외면하는 것이다. 그러니까 서구적이지 않은 근대화는 없다. 근대화는 서구화가 맞다.

흔히 일본을 가리켜 비서구적 근대화의 모델이라고 하지만, 알다시피 일본의 근대화 방식은 철저히 서구적이었다. 일본의 근대화를 비서구적 근대화라고 부르는 것은 그냥 일본이 비서구 사회라는 의미일 뿐, 서구와 다른 근대화의 길을 갔다는 이야기는 아니다. 물

80 최장집, 『민주화 이후의 민주주의』, 후마니타스, 2002, 226쪽

론 서구화라고 해서 반드시 양복을 입고 빵을 먹어야 한다는 것은 아니다. 그것이야말로 근대화의 외양일 뿐이다. 그러니까 근대화가 서구화라고 하는 것은 서구의 근대가 겪은 내용의 핵심을 전유해야 한다는 의미이다. 그런 점에서 서구적 근대의 역사적 경로를 벗어난 근대화란 사실상 없다. 많은 경우 근대화와 서구화를 구별하려는 것은 말장난이거나 내심 근대화에 반대하는 것일 뿐이다.

그렇다고 해서 서구적 근대가 다른 지역에서 동일하게 반복될 수 있다고 보기는 어렵다. 설사 서구적 근대화를 추진한다고 하더라도 역사적·문화적 차이로 인해 근대화의 양상과 결과는 달라질 수밖에 없다. 세계 각 지역의 근대화는 필연적으로 차이를 발생시킨다. 하지만 이러한 사실조차도 서구적 근대화의 명제를 부정하지 않는다. 이는 한국의 유교화가 중국의 그것과 동일하지 않다고 해서, 비중국적인 길을 갔다고 말할 수 없는 것과 마찬가지 이치이다. 어쩌면 그동안 한국은 비서구적 근대화의 길을 간 것이 아니라, 비근대적인 서구화의 길을 간 것이 아닐까. 근대화가 서구화인 것은 맞지만, 서구화가 반드시 근대화는 아니기 때문이다. 이제까지 우리가 경험한 근대는 집단주의 근대였다. 이는 좌든 우든 마찬가지이다. 이제 우리가 경험해야 할 미래의 근대는 집단주의 근대가 아니라 개인주의 근대여야 한다.

중국의 아파트는 외벽만 있고 내부 시설이 없다고 한다. 그래서 실내 인테리어는 입주자가 해야 한다고 한다. 대한민국이 그렇다. 지난 70여 년간 대한민국은 외벽만 세웠다. 이제 대한민국의 인테리어를 할 때이다. 대한민국의 국가 건설(state building)은 국민 건설(nation building) 단계로 나아가야 한다. 대한민국은 만들어졌지만 대한민국 사람은 아직 만들어지지 않았기 때문이다.[81] 이것은 서양의 근대국가와 정반대 과정이다. 대한민국은 정신적 내전을 피할 수 없다. 물리적 내전을 딛고 정신적 내전을 치러야 한다는 말이다. 정신적 내전의 첫 전투는 역사전쟁이다. 국민은 통합된 기억을 소유함으로써 만들어진다. 대한민국을 태어나지 말아야 할 나라라고 생각하는 사람과 대한민국을 혁명국가라고 생각하는 사람이 같은 국민일 수는 없기 때문이다.

"나는 한국인의 오래된 문화적 문법을 해체하고 재구성하기 위한 뇌관이 '개인주의'에 있다고 생각한다. 어떠한 소속과 기원으로도 환원되지 않는 독자성과 존엄성을 지니는 개인을 있는 그대로 인정하는 개인존중사상이 없는 한 나이와 성별, 출신가문과 출신지역, 출신학교와 출신계급을 기준으로 하는 서열의식과 권위주의는 사라지지 않을 것이며, 개성을 말살하고 개인차를 무살하는 획일주의도 없어지지 않을 것이다. 개인이 존중되지 않는 한 한국 사회에서 공동체의 논리 앞에 개인을 줄 세우는 오래된 문법은 계속 통용

81 "우리는 이탈리아를 만들었다. 이제 이탈리아인을 만들어야 한다"라는 이탈리아의 정치가 마시모 다젤리오의 말은 한국에게도 그대로 적용된다. "우리는 대한민국을 만들었다. 이제 대한민국인을 만들어야 한다." 이때 대한민국인은 한민족(Korean people)이라는 종족적 정체성이 아니라 한국민(Korean nation)이라는 국민적 정체성을 가진 존재를 가리킨다.

될 것이다."[82]

예수 이전에 태어난 사람들이라고 해서 구원을 받지 못하는 것이 아니듯이 집단주의 사회에서 태어나 살아간 사람들의 삶도 소중하다. 집단주의적인 삶과 가치관은 서구 근대를 제외한 전세계에서 보편적인 삶의 방식이었다. 역사적으로 볼 때 집단주의가 보편적이며 그런 점에서 서구 근대문명은 아주 예외적이다. 하지만 바로 그 예외적인 서구 근대문명이 만들어낸 가치들은 보편적이라고 할 수 있다. 자유, 평등, 인권. 예외적인 문명이 만들어낸 보편적인 가치. 참으로 흥미롭고 역설적이라 하지 않을 수 없지만 이것이 역사적 사실이다. 우리가 이러한 근대문명의 가치가 갖는 보편성을 부정하지 않는다면 우리 역시 서구 근대가 걸어간 길을 따라가야 한다. 개인의 자유와 평등 그리고 인간의 존엄성에 기반한 문명의 길을 말이다.

문제는 우리가 그것을 반복할 수 있을 것인가 하는 점에 달려 있다. 서구 근대가 걸어간 그 좁고 가파른 길을 우리도 걸어갈 수 있을까. '모로 가도 서울만 가면 된다'는 속담이 있다. 이 말은 목표는 서울이지만 그에 도달하는 길을 여럿이라는 뜻이다. 우리가 가야할 문명의 목표는 근대이다. 다만 거기에 도달하는 방법이 서구와 다를 뿐이다. 서구의 근대와 한국의 근대는 경로가 다르다. 서구의 근대가 내부로부터, 아래로부터의 정신혁명에 의해 이루어진 것이라

82 정수복, 8쪽

면 한국의 근대는 외부로부터, 위로부터의 물질적 방식으로 이루어졌다. 한국의 근대는 정신적 토대 없는 물질적 근대였던 것이다. 이처럼 서구의 근대와 한국의 근대는 경로가 완전히 다르다. 그런데 과연 한국의 근대가 서구 근대와 같은 목표에 도달할 수 있을까. 이것은 쉽지 않아 보인다.

하지만 '모로 가도 서울만 가면 된다'는 말처럼 경로는 달라도 되지만 목표가 다르면 안 된다. 목표는 동일하다. 그러니까 이 말은 결국 한국은 한국적 방식으로, 한국적 경로에 의해 근대문명화라는 목표를 달성해야 한다는 것이다. 다시 말하지만 근대문명의 핵심적 가치는 자유, 평등, 인간의 존엄이다. 우리가 이런 가치를 부정하지 않는다면 이런 가치를 목표로 삼는 역사적 운동을 멈출 수 없는 것이다. 과연 그것은 어떻게 가능할까.

서구 근대가 걸어온 르네상스, 종교개혁, 계몽주의 같은 길을 한국이 반복할 수는 없다. 그것은 불가능하다. 하지만 그와는 다른 방법, 다른 경로를 통해서라도 근대라는 목표에는 도달해야 하는 것이 우리에게 주어진 역사적 과제이다. 이에 대해서는 많은 연구가 필요해 보인다. 물론 이런 과정에서 우리보다 한 발 앞서 비서구 근대화의 길을 간 일본을 참조할 필요가 있다. 그들은 어떻게 비서구사회이면서도 주체적 근대화를 이루었는가. 물론 일본의 근대화에 대해서는 여러 가지 다른 평가가 가능할 것이다. 하지만 그런 것들까지 모두 포함해서 일본의 근대가 한국의 근대에 가장 중요한 벤치마킹 대상임은 분명하다.

아무튼 이러한 노력의 가장 핵심에 근대적 인간, 즉 개인이 있음은 물론이다. 현대 한국인들이 저지르는 범죄 중에서 가장 심각한 것은 대부분 집단 속에서, 바로 그 집단을 도구로 삼아 이루어진다. 그 이유는 집단주의형 인간인 한국인들에게 개인의 도덕적인 내면이라는 것이 없기 때문이다. 그렇기 때문에 한국인들은 집단만 주어진다면 그 뒤에 숨어서 아무런 거리낌 없이 부도덕한 행위를 펼쳐 보일 수 있는 것이다. 한국인들에게 집단은 개인의 부도덕한 욕망을 실현시키기에 너무나도 좋은 은폐물을 제공한다. 그리하여 한국인들은 국가와 민족의 이름으로 폭력을, 가족과 지역의 이름으로 차별을, 기업의 이름으로 부당행위를 서슴지 않는 것이다. 이를 벗어나는 길은 집단주의적 심성을 버리고 합리적 개인주의를 발전시키는 것 밖에 없다. 도덕적 권리와 책임의 주체로서 개인을 발견해야 하며 이를 도덕성의 기초로 삼아야 한다. 결국 인간이 근대화되어야 하는 것이다.

"...사회의 개인들에서 개인들의 사회로 패러다임을 전환해야 한다는 것이다. 다시 말해 사회를 중심으로 개인들을 바라보는 관점을 버리고, 개인들을 중심으로 사회를 바라보는 관점을 취해야 한다. 이것이 개인-사회의 관계에 대한 근대적 관점이라면 집단주의가 아니라 개인주의가 근대사회의 원리가 되어야 한다는 논리가 성립한다."[83]

---

83 김덕영, 『환원근대』, 도서출판 길, 2014, 349쪽

많은 한국의 지식인들이 입을 모아 이렇게 이야기한다. 하지만 역시 문제는 '어떻게'이다. 물론 서구의 근대와 한국의 근대의 경로가 다른 만큼 2차 근대화의 경로도 다를 수밖에 없다. 지난 150년간의 근대화의 경로가 1차 근대화의 성격을 결정지었다면, 이제 근대 수용기로 나아가는 2차 근대화의 경로를 개척해나가야 한다. 그것은 우선 집단주의를 재생산하는 메커니즘을 해체하는 것에서 시작되어야 한다. 모든 시스템이 그렇듯이 한국의 집단주의는 정태적인 산물이 아니다. 그것은 지금도 맹렬하게 재생산되고 있는 하나의 살아 있는 생명이며 시스템이다. 따라서 한국의 개인주의를 창출하기 위해서는 먼저 기존의 집단주의를 재생산하는 메커니즘을 비판적으로 인식하고 하나씩 해체해야 한다. 예를 들면 이런 것부터 말이다.

"한국 정치문화에 관심을 갖게 되면서 그동안 당연하게 받아들였던 것들에 대해 의문을 품기 시작했다. 미국 수도에는 대통령 동상들이 많은데 서울에는 왜 없는 걸까? 전 세계 거의 모든 공화국에는 국가 수립을 기념하는 날이 있는데 한국에는 왜 그런 기념일이 없을까? 대한민국 상징들이 정치적 가치를 표현하지 않고 단순히 민족을 기념하는 이유는 무엇 때문일까? 성조기와는 달리 태극기는 순전히 민족을 상징하지만 공화국이 건국되기 이전 시대로 거슬러 올라감으로 이 부분에 대해서는 논의하지 않는 것이 좋을 듯하다. 그러나 국민들 대부분이 태극기 앞에서 느끼는 것이 국가가 아니라 민족이라는 점은 내 학생들도 모두 인정한다. 다른 상징을 비교해 보자면, 미국 문장은 여러 민족을 통합하는 것으로 하나의 공동체를 만들겠다는 의지(즉 "E pluribus unum")[84]를 라틴어로 표현하는 것과 달리, 대한민국 문장은 또 다른 민족 상징인 무궁화로 구성되어 있다. 달러 지폐에는 공화국의 영웅들인 워싱턴, 링컨 등의 초상화가 그려져 있는가 하면, 한국 지폐에는 공화국 국민이 단 한 명도 없다."[85]

이런 지적에서도 보듯이 한국의 집단주의는 끊임없이 재생산되고 있다. 개인의 등장은 일단 집단주의로부터 하나씩 벗어나는 노력으로부터 시작되어야 한다. 아직 한국에는 개인주의의 싹의 싹도 존재하지 않는다. 그런 점에서 결코 낙관할 수 없다. 이런 현실에서 개인을 만들기 위해서는 집단주의에 대한 비판적 의식을 통해서 한걸음씩 나아가는 길뿐이다. 그런 점에서 한국의 2차 근대화는 우리 나름의 근대로의 경로를 찾아가는 과정에 다름 아니다. 한국의 1차 근대화가 구조의 근대화였다면 2차 근대화는 주체의 근대화가 되어야 한다. 서구의 근대가 개인의 발견으로 시작되었다면 한국의 근대는 개인 없는 근대화였다. 이러한 사실이 말해주는 것은 분명하다. 2차 근대화의 목표는 개인의 발견이 되어야 한다. 그럴 때만

84 미국 국가 문장(紋章)에 새겨넣어진 라틴어 "에 플루리부스 우눔"은 영어로 "Out of many, one"('여럿으로 이루어진 하나')이라는 뜻으로, 여러 민족을 통합하여 하나의 공동체를 만들겠다는 의지를 표현하고 있다.

85 브라이언 마이어스, 『사랑 받지 못하는 공화국』, 박영사, 2024, 7~8쪽

이 한국의 근대는 1차 근대화인 근대 저항기를 넘어서 진정 근대 수용기로 접어들 수 있을 것이다.

주체의 근대화의 경로는 우선 주체 형성을 방해하는 온갖 집단주의적 억압과 싸우는 것이다. 주체의 근대화의 경로는 미리 주어져 있는 것이 아니라 집단주의와 싸우는 과정에서 하나씩 발견해 나가야 하는 것이다. 자신과 생각이 다르다는 이유만으로 친일파니 토착왜구니 하면서 정신적 폭력을 휘두르는 사회, 정치인의 전체주의적 선동과 싸워야 한다. 이제까지 외세의 지배로부터의 자유를 위해서 싸웠다면 이제는 민족주의 내부의 지배로부터 자유롭기 위해서 싸워야 한다. 집단과 다르게 생각할 수 있는 자유를 위해서 싸워야 한다. 이제까지 한국인은 민족 독립, 국가 독립을 위해서 싸웠다. 하지만 이제는 개인 독립을 위해 싸워야 할 때이다. 민족으로부터 개인이 독립해야 한다. 한국의 근대화를 한 단계 진전시켜야 할 때이다.

"근대성은 국민국가 형성, 자본주의 발달과 산업화, 의회민주주의, 개인주의, 시민사회, 합리주의 정신 및 과학기술의 발달, 그로부터 비롯된 세속화, 도시화 등으로 구현된다. 국민국가, 자본주의, 산업화, 의회민주주의, 도시화 등이 근대성의 제도적, 물질적 차원이라면 개인주의, 합리주의, 세속화 등은 근대성의 정신과 가치의 차원이다. 가치의 차원에서 보자면 근대성의 핵심은 집단으로부터 해방된 개인의 탄생이다. 개인이 외부의 지시와 구속으로부터 벗어나 자유롭게 자신의 삶을 만들어갈 권리가 있다는 생각이 근대성의 정신적 기초다. 그러므로 개인주의가 없는 근대성은 불완전한 근대성이고 불구의 근대성이라고 말할 수 있다. 개인주의는 필수요소로서 초월적 신권(神權)과 절대주의적 왕권(王權)으로부터 벗어난 개인이 자의식적인 주체가 될 권리와 의무가 있다는 사상이다. 외부의 모든 권위를 거부하고 스스로의 이상에 의해 모든 일을 판단하는 개인의 탄생이 근대성의 핵심 요소이다. 근대성의 기초를 이루는 개인주의는 정치를 동등한 권리와 이성을 가진 개인들 사이의 사회계약으로 보고, 경제를 공동체를 벗어난 자유로운 개인의 이윤추구 활동에 입각한 시장 경제로 보며, 문화를 개인적 욕망과 재능의 표현으로 본다.

오늘날 민주주의와 시장 경제는 세계 도처에 적용되는 두 개의 이념적 원칙으로 천명되고 있다. 그런데 그 이념의 뿌리는 개인주의에 있다. 개인이 투표를 하고, 개인이 법적 책임을 지고 개인이 거래와 계약의 주체이다. 개인주의 없이는 진정한 민주주의가 불가능하고 합리적 자본주의도 불가능하다. 스스로 생각하고 판단하는 주체로서의 개인들 사이의 평등한 의견교환 관계, 공적 토론, 공적 대화의 능력이 없다면 민주주의는 불가능하다. 민주주의를 주장하면서 어떻게 개인주의를 부정할 수 있단 말인가? 개인을 행위의 주체로 인정하는 자유주의는 민주주의와 시장경제의 철학적 기초다. 민주주의는 개인의 기본권과 참정권에서 시작하고 시장 경제는 개인의 소유권과 자유로운 경제 활동으로 이루어진다."[86]

그렇다. 이런 사실을 부정하지 않는다면 한국의 근대가 지향해야 할 방향이 무엇인지는 분명해진다. 1차 근대화를 넘어 2차 근대화로, 물질적 근대화를 넘어 정신적 근대화로, 구조의 근대화를 넘어 주체의 근대화로, 근대 저항기를 넘어 근대 수용기로 전환하는 것이다.

86 정수복, 404~405쪽

문명전환 시대의 문화

부록

1. 한국의 '미적 근대성'과 디자인[01]

-새마을운동의 디자인사적 의미

서론

한국사에서 근대는 논쟁적이다. 한국의 근대는 세계사적 근대가 한국화 되는 과정이자 동시에 한국이 세계사적 근대에 편입되는 과정이기도 하다. 그런 만큼 한국의 근대를 보는 관점 역시 다기할 수밖에 없다. 김덕영은 한국의 근대화에 관한 이론을 크게 세 가지로 구분하고 있다. 내재적 발전론과 식민지 근대화론과 압축적 근대화론이 그것이다.[02]

내재적 발전론은 한국 사회가 내재적 힘과 요인만으로 근대화를 이룰 수 있었다고 보는 관점이다. 내재적 발전론은 자본주의 맹아론이라고도 불리는데, 조선 후기부터 자본주의의 싹이 텄는데, 다만 일제의 식민 지배로 인해 그 싹이 밟힘으로써 근대 자본주의로 발전하지 못했다는 것이다. 내재적 발전론은 소위 일제 식민사학의 조선 사회 정체론(停滯論)에 대한 반발로 조선 사회 내부의 자발적 가능성을 크게 강조한다. 하지만 내재적 발전론은 정작 주장과는 달리 서구 자본주의의 발전 경로를 그대로 따르면서 다만 그것을 한국 사회 내부에서 찾으려고 했다는 점에서 사실 여부 이전에

01 이 논문은 한국예술연구소가 발간하는 논문집 「한국예술연구」 35호(2022)에 실린 것으로 한국연구재단의 지원을 받았다.

02 김덕영, 『환원근대』, 도서출판 길, 2014, 43쪽.

비주체적인 관점이다.

그러므로 "내재적 발전론으로는 한국의 근대화 과정과 자본주의 발전 과정을 제대로 파악할 수 없다. 근대와 그 일부분인 자본주의는 외부 세력과 별개로 한국의 내재적인 힘과 요소에 의해 발생한 것이 아니라 서구에서, 그러니까 외재적인 힘과 요소에 의해 발생한 것이다. 그러니까 한국의 근대화 과정과 자본주의 발전 과정은 이 서구의 근대와 자본주의를 받아들여 변형하고 재구성한 역사다. 그것은 내재적인 것과 외재적인 것이 상호작용을 한 역사다."[03] 강한 민족주의적 경향에 의해 제기된 내재적 발전론은 결국 이러한 비판에 직면하여 파산하게 된다.

한편 식민지 근대화론은 식민지를 통해서 근대화가 이루어졌다고 보는 관점이다. "식민지 근대화론에 따르면, 조선은 스스로의 힘으로 자본주의를 창출할 능력을 가지고 있지 않았다. 또한 일제의 착취는 단순한 수탈이 아니라 개발을 통한 착취였으며, 바로 이를 통해 식민지 시대에 자본주의가 발생하고 발전할 수 있었다. 그리고 이 식민지적 자본주의는 1960년대 이후 한국 자본주의가 눈부시게 발전하는 데 밑거름이 되었다."[04]는 것이다.

내재적 발전론은 내적 측면에서, 식민지 근대화론은 외적 측면에서 근대의 발생에 주목하는 관점이라면, 이와는 달리 주로 한국 근대의 양상과 결과에 주목하는 입장으로 압축적 근대화론이 있다.

---

03 김덕영, 68쪽.

04 김덕영, 75~76쪽.

압축적 근대화론은 말 그대로 한국의 근대가 서구와 달리 시간과 공간 모두에 걸쳐 단축과 압착의 과정을 겪었다고 보는 것인데, 김덕영은 장경섭의 연구를 그 사례로 들고 있다.[05]

한국의 근대와 '미적 근대성'

1) 근대성과 '미적 근대성'

(1) 근대성의 구조

근대가 하나의 문명인 한 그것은 삶의 전 영역에 걸친 것일 수밖에 없다. 따라서 근대의 발현인 근대성에 대한 이해 역시 그것이 사회 각 영역에서 어떻게 나타나는가를 통해 이루어져야 한다. 먼저 근대 사회의 특징 중의 하나는 그것이 하나의 전일적인 형태가 아니라 상대적으로 자율적인 몇몇 영역으로 구성되어 있다는 것이다. 이것은 사회가 전체로서의 하나이기 이전에 먼저 목적과 기능에 따라서 구분되어 있으며, 이렇게 구분된 영역들은 그 구성요소나 작동 원리가 상이하며 결코 하나로 환원되지 않는다는 것을 의미한다. 물론 이러한 영역들이 모여서 상위의 전체 사회를 이루는 것은 맞지만, 근대 사회는 고대나 중세처럼 하나의 종교 공동체나 정치 공동체로 일원화되지 않고 나름의 이질성과 복합성을 가진 사회 구성을 보여준다고 하겠다.

05 장경섭, 『가족, 생애, 정치경제: 압축적 근대성의 미시적 기초』, 창비, 2009. 참조. 이에 대해서는 본 논문의 전개와 직접 관련이 없기에 생략한다.

(2) '미적 근대성'의 양상

근대성의 영역별 외적 분화와는 다른 각도에서 근대성의 내적 분할에 대해서도 살펴볼 필요가 있다. 다시 말해서 합리주의를 기반으로 하는 근대는 일단 사회 영역별로 분화되면서도 하나의 전체로서 통합되게 마련인데[06], 이러한 사회 구성의 차원과는 다른 측면에서 커다란 내적 분할을 포함하고 있기도 하기 때문이다. 이를 일단 근대성의 분할이라고 일컬을 수 있겠는데, 마테이 칼리네스쿠는 이를 '균열'이라는 개념으로 포착한다.

"19세기 전반의 한 시점에서 서구 문명사의 한 단계에 속하는 모더니티-과학과 기술의 진보, 산업혁명, 그리고 자본주의에 의해 야기된 광범위한 사회경제적 변화의 산물인-와 미적 개념으로서의 모더니티 사이에 역전 불가능한 균열이 생겨났다는 사실이다. 그 이후 이 두 모더니티 사이의 관계는 돌이킬 수 없을 정도로 적대적이 되었다. 물론 상대방을 파괴하려는 격정 속에서 상호간의 다양한 영향 주고받기를 허용하거나 심지어는 고무하는 일이 없지 않았지만."[07]

그러니까 우리가 근대성을 말하지만, 그것은 사실 하나가 아닌

---

06 근대 사회의 이러한 성격은 분석(analysis)과 종합(synthesis)이라는 근대 과학의 원리와도 일치한다. 그것은 일단 대상을 잘게 쪼개어 살펴본 다음에 다시 조각을 하나씩 붙여나가면서 전체를 이해하는 방법이다.

07 마테이 칼리네스쿠, 이영욱 외 옮김, 『모더니티의 다섯 얼굴』, 시각과 언어, 1993, 53쪽.

두 개로 이루어져 있으며, 그중 하나는 과학 기술과 진보, 자본주의 등을 내용으로 하는 근대성이고 다른 하나는 그에 대립되는 어떤 근대성이라는 것이다. 이를 일단 '현실 근대성'과 '미적 근대성'이라고 각기 부르기로 하자. 그리고 전자가 주로 부르주아적인 것이라면 후자는 반(反)부르주아적인 것으로서 낭만주의로부터 기인한다고 칼리네스쿠는 말한다.

"첫번째 모더니티, 즉 부르주아의 모더니티 관념과 관련해서 이야기하자면 그것은 대체로 근대적 관념의 역사에서 초기 시기에 두드러진 전통들을 계승한다. 진보의 원리, 과학과 기술의 유용한 활용 가능성에 대한 신뢰, 시간(측정할 수 있는 시간, 사고 팔 수 있는, 따라서 다른 상품과 마찬가지로 돈으로 계산 가능한 등가물인 시간)에 대한 관심, 이성 숭배, 그리고 추상적 인본주의의 틀 안에서 정의된, 그러나 동시에 실용주의 내지는 행동과 성공의 숭배를 지향하는 자유의 이상, 이들 모두는 다양한 정도로 근대를 위한 투쟁에 연루되어 왔으며 중산층에 의해 수립된 승승장구하는 문명의 핵심적인 가치로 보존되고 증진되어 왔다."[08]

이것이 현실 근대성이라면 이에 대립되는 미적 근대성은 이런 특징을 보인다.

---

08 마테이 칼리네스쿠, 53~54쪽.

"이와는 대조적으로 전위가 될 운명에 처해 있는 또 다른 모더니티는 자신의 낭만적 시초에서부터 근본 개혁적인 반부르주아적 태도로 기울어졌다. 그것은 중산층의 가치 척도를 혐오했으며 폭동, 무정부주의, 묵시론에서 귀족적인 자기 유폐에 이르는 극도로 다변화된 수단을 통해 자신의 역겨움을 표현했다. 따라서 문화적 모더니티를 규정한 것은 그것의 긍정적인 열망들(이 열망들은 통상 아무런 공통분모도 갖지 않곤 했다)보다는 부르주아 모더니티에 대한 철저한 거부 및 소멸적인 부정적 열정이라 할 수 있다."[09]

그러니까 근대성이라는 것 자체가 그 내부에 상호대립 되는 내용을 포함하고 있으며 그것은 마치 헤겔 변증법에서의 명제와 반명제의 구조를 보인다고 할 수 있다. 어쩌면 근대성의 이러한 측면들이야말로 근대의 사회 구성과는 별도로 근대의 복합성과 역동성을 말해주는 것일지도 모른다. 그 자체 내부에 부정의 계기를 가진 하나의 긍정으로서. 이처럼 현실 근대성과 미적 근대성은 다를 뿐만 아니라 대립적이기 조차 한데, 여기에서 우리는 미적 근대성에 대해서 조금 더 유연하고 포괄적으로 이해를 할 필요가 있다. 그것은 미적 근대성이라는 것을 현실 근대성과 대립되는 것만이 아니라, 어느 정도는 현실 근대성과 공유되는 또는 중첩되는 어떤 것으로서 파악할 필요도 있다는 것이다. 그러니까 아방가르드와 같이 어떤 극단적인 미적 근대성만이 아니라 과학 기술, 진보, 자본주의 등과

09 마테이 칼리네스쿠, 54쪽.

관계를 맺으면서 현실 근대성의 외적 표현이자 동시에 미적 근대성의 정신도 포함하는 어떤 '매개적 장치이자 중간 영역으로서의 미적 근대성'에 대해서도 주목해야 한다는 것이다.

그것은 구체적으로 말하면 응용예술의 존재로 인한 것이다. 왜냐하면 우리는 근대 사회에서 미적 근대성의 현현인 '순수예술(fine arts)'만이 아니라 이른바 '응용예술(applied arts)'도 발견하기 때문이다. 그러니까 현실 근대성과 미적 근대성의 중간적 존재로서의 응용예술이 있다는 사실이다. 응용예술은 근대가 현실 근대성과 미적 근대성의 대립과 분할만이 아니라, 그 둘 사이에 연결과 공유의 지점도 지니고 있었음을 증언하고 있다. 이는 근대미학에서의 미와 실용성의 분리만큼이나 미와 실용성의 연결이라는 관점에서도 근대성을 다시 볼 것을 요구한다.[10] 그럴 때 우리는 미적 근대성 내부의 복합성만이 아니라 현실 근대성과 미적 근대성의 관계에 대해서도 한결 입체적인 시각을 갖게 될 것이라고 본다.

2) 한국의 '미적 근대성'

(1) 한국 근대성의 구조

"근대화를 추구하되 비근대적 방식으로 - 한국적 모델에 담긴 역설은 바로 이런 것이다."[11] 한국의 근대화는 이 한마디로 요약할

---

10 최 범, 「미와 실용성」, 『한국 디자인을 보는 눈』, 안그라픽스, 2006. 참조.

11 이 환, 『근대성, 아시아적 가치, 세계화』, 문학과지성사, 1999, 50쪽.

수 있다. 근대성과 비근대성의 결합, 이것이 한국 근대의 특징이다. 그러면 이러한 근대성과 비근대성의 결합을 근대로 볼 수 있는가 아닌가, 하는 물음이 제기될 수 있다. 이점이 바로 서구의 원형 근대와 한국의 '식민지 근대'의 차이라고 하겠는데, 하지만 한국의 근대 역시 서구의 근대로부터 영향을 받은 세계사적 근대의 일부로서, 그 농도(濃度) 문제는 차치하고 엄연히 근대 문명의 일부라고 보아야 할 것이다. 그러니까 한국과 같은 비서구적 근대의 특징은 크게 두 가지이다. 하나는 근대화가 내적 요인이 아니라 외적 요인, 즉 외부의 충격에 의해 시작되었다는 것이고, 그런 점에서 앞서의 소위 내재적 발전론은 기각된다. 또 하나는 근대성이 불균등하다는 것이다. 이는 근대화가 내재적 방식이 아닌 외래적 자극으로 이루어진 만큼 근대를 이루는 요소들이 매우 불균등하게 배치될 수밖에 없었던 결과이다. 이는 물론 서구의 원형 근대를 기준으로 판단하는 것이다.

이러한 한국 근대의 불균등성에 대해 김덕영은 '환원근대'라는 개념으로 설명한다. "한국의 근대화 과정은 그 대상 또는 영역의 측면에서 경제, 보다 정확하게 말하자면 경제 성장으로 환원되고 그 주체 또는 담지자의 측면에서 국가와 재벌로 환원된, 이중적 근대화 과정이었다. 요컨대 한국의 근대는 이중적 환원근대이다."[12] 그러니까 김덕영은 한국의 근대가 사회를 이루는 영역들, 즉 정치, 경제, 사회, 문화 영역에서 고루 발현되지 않고 오로지 경제 영역에서

12 김덕영, 65쪽.

만 집중적으로 나타난다는 점에서 한국 근대를 환원근대라고 부르는 것이다. 다시 말하면 한국 근대는 경제적 근대성과 정치적, 사회적, 문화적 비근대성의 결합이라는 것이다. 이는 곧 한국의 제3세계형 식민지 근대성의 모습이라고 할 수 있다. 그럼에도 불구하고 앞서 논증했듯이, 이러한 한국 근대 역시 세계사적 근대의 일부로 보아야 함은 물론이다. 아무튼 한국의 근대성, 나아가 그 일부로서의 미적 근대성을 논하기 위해서는 한국 근대의 이러한 성격을 먼저 확인해두어야 한다.

(2) 한국의 '미적 근대성'

앞서 서구의 근대성이 '현실 근대성'과 '미적 근대성'이라는 분할을 이룬다고 이야기했는데, 그렇다면 이러한 분할은 한국의 근대와는 어떠한 관련성을 가질까. 먼저 한국의 근대가 사회 각 영역의 상대적 분화가 이루어지지 않고 근대성이 오로지 경제 한 영역으로만 집중된 환원근대라는 설명을 하였다. 그러니까 이는 한국의 근대는, 즉 정확하게 말해서 근대적 합리성은 경제 영역 이외에는 찾아보기 어렵다는 말이다. 그러므로 근대적 합리성의 사회적 분유(分有) 형태가 경제적 합리성인 자본주의를 제외하고는 정치적 합리성으로서의 민주주의, 사회적 합리성으로서의 개인주의, 문화적 합리성으로서의 합리주의가 발견되지 않는다는 것이다.[13]

13 물론 한국이 경제개발과 민주주의라는 두 마리 토끼를 잡은 나라라는 평가에 따르면 분명히 정치적 합리성으로서의 민주주의가 있다고 할 수 있지만, 이때 민주주의란 국민의 통치자에 대한 직접 선출과 정기적인 정권 교체를 기준으로 하는 것이다. 그런 점에서 최소한의 민주주의는 실현되어 있다고 할 수 있다. 하지만 민주주의가 삶의 영역

이러한 근대성의 불균등 분유 상태와 근대성의 분할이라는 문제를 겹쳐놓고 볼 때 과연 한국의 미적 근대성이라고 하는 것을 어떻게 사고해야 할지에 대해 상당히 어려운 문제가 발생한다. 먼저 미적 근대성은 사회의 분화된 영역 중에서 어디에 배치되는가. 통상 미적 근대성의 특질인 '미적인 것'은 문화 영역으로 분류하는 것이 일반적이다. 하지만 우리는 앞서 응용예술의 예를 들어, '미적인 것'을 단순히 문화 영역의 하위 부문으로만 보지 않고 현실 근대성과도 일정한 관계를 가지는 것으로 보기로 했다. 다시 말해서 근대에서 '미적인 것'은 차라리 정치, 경제, 사회를 가로지르는 것으로 설정할 필요가 있다는 것이다. 그럴 때 교차성[14]으로의 '미적인 것'은 각기 정치적 프로파간다, 경제적 상업주의, 사회적 정체성의 표현 등으로 나타날 수 있다. 따라서 이때 '미적인 것'은 단지 문화적인 것만은 아니게 된다.

하지만 사회 각 영역의 분화조차 미흡한 한국 사회에서 사회 각 영역을 가로지르는 '미적인 것'이라면 모를까, 현실 근대성과 미적 근대성의 분할이라는 더 근본적인 차원은 관찰되기 어렵다. 다시 말해서 현실 근대성과 대립되는 미적 근대성의 존재 자체가 발

전반에 걸쳐 구현된 생활양식으로서의 민주주의는 아직 한국 사회에 뿌리내렸다고 보기 어렵다.

14 교차성(sectionality) 또는 상호교차성(intersectionality)이란 마르크스주의 페미니즘에서 젠더와 계급의 문제를 겹쳐서 사유하기 위해서 도입된 개념이다. 그러니까 여성 문제는 단순히 젠더만이 아니라 계급, 인종, 성소수자, 장애인 같은 조건들과 엮여 있다는 것이다. 주로 차별 문제의 복합성을 주목하기 위해서 도입되었지만 다른 영역에까지도 널리 사용되고 있다. 여기에서는 근대성의 외적 영역 구분(정치, 경제, 사회, 문화 등)과 내적 분할(현실 근대성과 미적 근대성)의 교차 상태를 설명하기 위해서 사용한다.

견되지 않는다는 것이다. 그리고 한국의 현실 근대성도, 앞서 지적되었던 것처럼 환원근대, 즉 경제적 근대성을 넘어서지 않는다. 그러니까 현실 근대성조차도 경제 영역에 한정되는 한국 근대에서 그와 대립되는 분할로서의 미적 근대성은 찾아보기 어렵다는 것이다. 고로 한국의 미적 근대성 역시 환원근대의 자장을 벗어나지 못한다. 따라서 우리에게는 한국의 미적 근대성에 대해서가 아니라, 환원근대 안에 갇힌 '미적인 것'에 대한 탐구만이 허용될 뿐이다.

새마을운동과 한국의 '미적 근대성'

1) 근대화 운동으로서의 새마을운동

(1) 새마을운동의 전개

새마을운동은 1970년대 박정희 대통령의 주도로 추진된 농촌 근대화 운동이다. 새마을운동은 마을을 단위로 실시되었으며 근면, 자조, 협동을 기치로, 환경 개선, 소득 증대, 정신 계발을 목표로 하였다. 처음에는 농촌을 중심으로 한 '새마을 가꾸기 사업'이라는 이름으로 시작되었지만 시간이 지나면서 도시, 직장, 공장, 사회단체, 학교 등 사회 전 영역으로 확대되었다. 김덕영에 따르면 "새마을운동은 박정희 정권이 본격적으로 근대화, 보다 정확히 말하자면 산업화를 통한 경제 발전을 추진하기 시작한 지 대략 10년 뒤인 1970년에 시작되었다. 원래 새마을운동은 박정희 정권이 1960년대

초부터 수립, 추진하던 경제개발 5개년 계획에 속해 있던 것이 아니었다. 그것은 계획적이었다기보다 우발적이었다. 1970년 4월 22일 개최된 '한해 대책 지방 장관 회의'에서 박정희 대통령이 '마을 가꾸기 사업'을 제창하면서 새마을운동이 시작되었는데, 그 효과가 의외로 큰 것으로 나타나자 종합적인 농촌 근대화 운동으로 발전시켰던 것이다."[15]라고 한다.

1960년대부터 추진된 조국 근대화 운동과 그 일환인 새마을운동의 성격은 한마디로 박정희 자신의 표현처럼 '잘살기 운동'이었다. 여기에서 말하는 '잘살기'란 물질적 의미의 그것으로서 새마을운동은 '물질적으로 잘살기' 운동이었다고 할 수 있다. 그런 점에서 새마을운동은 우선 경제 운동이라고 할 수 있으나, 또 한편으로는 박정희 체제를 공고화하기 위한 정치 운동의 성격도 지니고 있었다. "초기에는 농촌의 환경 개선, 농촌 근대화 정책의 성격을 어느 정도 유지했으나, 유신 체제 성립 이후에는 대중의 지지를 통한 정권의 안정, 유신 체제 이데올로기의 전파 경로 등으로 활용되었다. 결과적으로 유신 체제 이래서의 새마을운동은 농촌 지역에 적용했던 근대화 혹은 농촌개발운동이 아니었다. 유신 이후의 새마을운동은 국가 주도의 중공업화를 위한, 그리고 유신 체제의 유지에 필요한 이데올로기를 주입하기 위한 범국가적 정신 운동으로 변질되었다."[16]

15 김덕영, 144쪽

16 이환병, 『농촌 새마을운동: 신화와 역사 사이에서』, 도서출판 선인, 2017, 187~188쪽

따라서 새마을운동은 농촌에서 시작하여 사회 전 부문으로 확대되었고, 환경 개선과 소득 증대, 정신 계발을 목표로 하면서도, 아니 그것들을 통해서 정치적 지지를 얻기 위한 프로파간다의 성격을 띤 거대한 사회동원이었다고 말할 수 있다. 조희연은 박정희 정권의 동원 체제를 반공주의적 동원과 개발주의적 동원으로 나누면서 후자의 대표적인 형태로 새마을운동을 든다.[17]

(2) 새마을운동의 근대성

새마을운동은 근대화 운동이었다. 한국의 근대화는 19세기 말 외부 충격에 의해 시작된 만큼 비주체적이고 비자발적 성격을 띤다. 이른바 식민지 근대화가 그것이다. 하지만 식민지와 해방, 건국, 전쟁 등을 거치면서 20세기 후반에 이르면 자발적이고 주체적인 근대화 운동이 등장하게 되는데, 박정희에 의한 '조국 근대화' 운동을 그 출발점으로 볼 수 있다. 새마을운동은 그러한 조국 근대화 운동의 연장이자 일환으로서 매우 중요한 부분이며, 그런 점에서 이 연구는 새마을운동을 한국의 본격적인 근대화 운동으로서 주목한다. 성공회대학교 민주주의연구소의 박정희시대 연구팀의 다음과 같은 진술 역시 동일한 관점을 보여준다. "우리는 새마을운동이 한국 사회의 근대화 국면에서 아주 중요한 위상을 점했다는 인식을 전제로 과제를 수행했다"[18]

---

17 조희연, 『동원된 근대화』, 후마니타스, 2010, 258쪽 참조.

18 오유석 엮음, 『박정희 시대의 새마을운동』, 한울, 2014, 13쪽

김인진의 연구 역시 새마을운동에 관한 연구가 한국의 근대성을 밝히는 핵심임을 환기시킨다. “한국 사회가 추구해온 근대화의 비전이 항상 동일한 사회적 상황에서 동일한 내용으로 진행되지는 않았으며 각기 다른 이해관계를 가진 집단들의 서로 다른 비전들이 경합을 벌였다. 하지만 6,70년대 박정희 정권이 추진한 근대화 프로젝트가 현재의 한국 사회의 모습을 규정하는데 결정적인 영향력을 끼쳤다는데 대해서는 이견이 없다. 박정권은 전쟁 이후 한국 사회의 근대성이 형성되는 가장 결정적인 시기에, 장기간에 걸쳐 강력한 통제력을 바탕으로 사회의 모든 영역, 자원을 동원하여 자신의 근대화 기획을 수행했다. 따라서 박정권의 근대화 프로젝트는 이후 한국 사회의 근대성의 원형을 이루고 있다고 해도 과언이 아니다.”[19]

김인진은 논문에서 두 가지 연구 과제를 제시한다. 하나는 새마을운동은 ‘근대’를 어떻게 이해했는가 하는 것이고, 또 하나는 새마을운동이 사람들을 근대화에 동원하기 위해서 ‘전통’을 어떻게 만들어내고 선전했는가 하는 것이다.[20] 그러니까 김인진은 새마을운동이 전국민적으로 추진해야 할 근대화를 하면서 근대라는 목표를 어떻게 설정했는가 하는 것과 그러한 근대화를 추진하는 과정에서 사람들을 동원하기 위해서 전통을 어떻게 이용했는가 하는 것을 해명하고자 하는 것이다. 이는 결국 새마을운동에서 이해된 근대와

19 김인진, 「새마을운동을 통해서 본 한국 사회의 근대성 형성에 관한 연구」, 서울대학교 석사 논문, 1999, 6~7쪽

20 김인진, 20쪽

전통이 무엇이었나 하는 것이며, 이것이 곧 한국의 근대성을 정초하는 기념비적인 의미를 갖는다는 사실을 확인해준다.

결국 새마을운동은 근대를 지극히 물질적인 차원에 한정하였고 전통을 부정적인 것과 긍정적인 것으로 나누어 부정적인 것은 배제하고 긍정적인 것은 살려 근대화의 이데올로기로 삼았다는 것이다. 이는 일종의 근대와 전통의 부정교합으로서 이것이야말로 한국 근대성의 핵심적인 내용이라고 하겠다. 김덕영은 박정희에 의해 추진된 이러한 근대화 프로젝트의 성격을 비판적으로 해부한다.

"이에 대한 이유는 무엇보다도 이른바 조국 근대화를 주도한 박정희가 정작 근대가 무엇인지 잘 몰랐다는 사실에서 찾을 수 있다. 먼저 박정희는 근대성의 핵심 가운데 하나인 분화에 대한 이해가 없었다. 박정희에게 근대화란 곧 산업화와 경제 성장이었으며, 근대란 경제적·물질적으로 풍요로운 시대일 따름이었다. 심지어 근대의 핵심적인 가치이자 생활양식인 민주주의도 경제적·물질적 풍요를 위한 도구에 지나지 않았다."[21]

이를 종합해볼 때 새마을운동은 1970년대 박정희 정권이 경제개발과 병행한 국민 동원 프로젝트였다. 그것은 농촌을 넘어서 도시와 사회 전 부문으로, 생활환경 개선으로부터 정신계몽 운동으로 확대되었다. 박정희는 새마을운동을 '잘살기 운동'으로 명명함

21 김덕영, 126~127쪽

으로써 한국 근대화의 성격을 최종적으로 규정지었다. 그것은 한마디로 말하면 물질적 풍요로움이며 개인의 존엄, 민주주의, 배려 등의 다른 가치는 배제되었다. 따라서 그것은 19세기 말 동도서기(東道西器)적 개화관에서 이미 드러나듯이, 서구의 근대가 갖는 해방적 측면보다는 도구적 측면에만 주목한 비서구적 근대관의 결정판이었다. 그런 점에서 서구의 근대가 '프로테스탄트 윤리와 자본주의 정신'(막스 베버)의 결합이라면 한국의 근대는 '새마을 윤리와 경제개발 정신'의 혼합이라고 일컬을 수 있다. 박정희의 새마을운동을 통해 최종적 형태를 얻게 된 경제적·물질적 근대성은 현재에도 지속적으로 재생산되면서 한국 사회의 성격을 주조해온 가장 강력한 구조적 요인이라고 할 수 있겠다.

2) 새마을운동과 '미적 근대성'

(1) 새마을운동의 '미적인 것'과 시각성

김덕영의 지적처럼 한국의 근대성을 경제로 환원된 환원근대로 본다면 미적 근대성을 논할 여지는 없다. 문화적 근대성이 존재하지 않는 만큼 문화적 근대성의 일부를 이루는 미적 근대성을 위한 자리도 존재할 수 없기 때문이다. 다만 앞서도 언급한 것처럼 미적 근대성을 현실 근대성과 대립되는 것으로만 한정하지 않고, 오히려 미적 근대성과 현실 근대성을 가로지르면서 교차성을 갖는 보다 광범위한 '미적인 것'으로 전환하여 접근한다면 따져볼 부분이 없지는 않다. 오히려 이러한 접근을 통해서 한국의 근대성과 미적 근대성의 관계를 거꾸로 재구성하고 비판적으로 살펴볼 가능성이 열린다고도 할 수 있다. 그런 점에서 이 절에서는 미적 근대성을 '미적인 것'으로 치환하고, 그것도 시각성의 차원에서 한정하여 다루어보고자 한다. 이는 '미적인 것'을 시각문화에 한정하고 그것도 순수예술이 아니라 응용예술의 측면에서 접근하는 것이다.

새마을운동의 '미적인 것' 또는 시각성은 크게 두 가지의 대상에서 찾을 수 있다. 하나는 '새마을 가꾸기 사업'이라는 이름으로 시작된 생활환경 개선의 결과물이고, 다른 하나는 새마을운동 추진 과정에서 생산된 각종 시각 선전물들이다. 이중에서 전자의 연구[22]는 주로 인문사회과학 분야에서, 후자에 관한 연구[23]는 디자인 분야에서 일부 나와 있다.

먼저 새마을운동의 출발이자 상징이라고 할 수 있는 생활환경 개선에 대해서 살펴보자면 다음으로도 대략 그 범위와 내용을 짐작해볼 수 있다.

"1970년대 새마을운동이 한국의 농촌 사회에 끼친 영향은 이루 말로 다 표현할 수가 없겠다. '새마을운동 아닌 것이 없다'고 할 정

22 남근우, 「한국의 새마을운동과 생활 변화」, 『일상과 문화』제5권, 2018; 예용광, 「1970년대 새마을운동으로 나타난 마을 및 주거 공간 변화에 관한 연구」, 성균관대학교 석사 논문, 2003; 이승훈, 「1970년대 농촌주택개량사업」, 〈정신문화연구〉제29권 제4호, 2006.

23 김미영, 「새마을운동과 천리마운동의 선전 선동적 시각 이미지」, 홍익대학교 석사 논문, 2005; 서준영, 「새마을운동 시각 상징을 통한 자조·경쟁하는 국민의 형성」, 국민대학교 학사 논문, 2020.

도로, 일상생활의 거의 모든 게 새마을 만들기로 회수되던 시절이었기 때문이다. 박정희가 작사한 이 운동가에는 "초가집도 없애고 마을길도 넓히고"라는 구절이 보이는데, 이 가사처럼 새마을운동의 초기 사업은 마을의 환경 개선에 그 무게 중심이 놓여 있었다. 예컨대 마을의 안길과 농로 넓히기, 소하천과 하수구 정비, 공동퇴비장 설치, 마을 숲 조림, 주택 개량, 전기 보급과 간이 급수 시설 설치, 취락 구조 개선 등이다."[24]

이러한 사업 중에서도 가장 대표적이고 상징적인 것은 역시 초가지붕 없애기로 대표되는 주택 개량이다. 이는 '농촌 주택의 근대화'라고 할 수 있다. 초기에는 지붕, 부엌, 변소 같은 주택 일부를 개량하다가, 후기로 가면 도시형 문화주택이라고 불리는 형태로 주택 자체를 바꾸게 된다. 아무튼 생활환경 개선은 주거에서부터 마을 전체에 이르기까지 농촌 풍경을 바꾼 것으로서 하나의 디자인 변혁이라고 할 수 있겠다.

다만 새마을운동의 파괴적 측면과 생산적 측면에 대해서는 균형 있게 살펴볼 필요가 있다. 그동안은 주로 파괴적 측면이나 생산적 측면의 한쪽만을 보았다고 해도 과언이 아니기 때문이다. 한편 새마을운동 과정에서 생산된 시각 상징과 선전물로는 새마을기(旗)와 훈장류, 포스터, 책자 등이 있다. 이와 관련하여 새마을운동을 선전 선동이라는 측면에서 북한의 천리마운동과 비교한 김미영의 연

24 남근우, 157쪽

구가 시사하는 바가 많다.

(2) 새마을운동을 통해 본 '미적 근대성'의 의미

결국 새마을운동에서의 '미적인 것'은 미적 근대성과 같이 분화된 것이 아니라 철저히 새마을운동이라는 물질적 과정의 부산물이며 즉자적인 것임을 알 수 있다. 그리고 이러한 것이 한국 근대 미학의 근본을 이룬다고 할 수 있다. 결국 한국 근대의 일부로서의 미적 근대성은 이러한 구조 내에서 설명할 수밖에 없다. 그것은 현실 근대성과 분할되지 않는 감성의 영역, 차라리 현실 근대성의 일부로서의 미적 근대성이라고 해야 할 것이기 때문이다. 그러니까 새마을운동이 보여주는 근대성의 구조 내에서 미적 근대성은 철저히 종속적인 것이다. 따라서 우리는 한국 근대에서 현실 근대성으로부터 분할되고 독립된 미적 근대성을 찾을 수 없는 대신에, 다만 한국 근대성의 특수성을 보여주는 한 계기로서 미적 근대성을 논할 수밖에 없는 것이다. 그리고 이때 미적 근대성은 더 이상 미적 근대성이 아니라 한국 근대에서 '미적인 것'의 운명이라고 말해야 할지도 모른다. 그런데 새마을운동이 일어난 1970년은 마침 한국 디자인 진흥의 원년이기도 하다는 점에서 그 의미가 결코 간단하지 않다.[25]

25 최 범, 「1970년, 한국 디자인이 태어난 해」, 〈중앙일보〉, 2020. 1. 2.

새마을운동의 디자인사적 의미

1) 새마을운동과 디자인

(1) 디자인 실천으로서의 새마을운동

새마을운동을 디자인사적으로 본다는 것은 새마을운동이 생산해낸 '미적인 것'과 시각성을 디자인 실천(design practice)로 보고 그것을 역사적 관점에서 해명한다는 것이다. 새마을운동이 생산한 '미적인 것' 또는 시각적인 것은 상징물에서부터 건축물에 이르기까지 매우 다양하고 포괄적이다. 그것들은 디자인 장르별로 보면 각기 시각 디자인, 제품 디자인, 공간 디자인에 해당되는 것이다. 시각 디자인으로는 새마을 상징에서부터 깃발, 선전 포스터와 책자 등이, 제품 디자인으로는 각종 훈장과 제모(制帽) 등이, 공간 디자인으로는 주택과 마을회관, 기타 시설 등이 포함된다. 이러한 것들은 모두 새마을운동이 만들어낸 디자인으로서 이것이 디자인사적으로 어떤 의미를 갖는가를 살펴볼 필요가 있다.

(2) 새마을운동 디자인의 버내큘러적 성격

새마을운동의 디자인 산물은 주로 전문적인 디자이너가 아닌 관료와 마을 주민에 의해서 만들어졌기 때문에 아마추어적이라고 볼 수 있다. 이런 디자인을 버내큘러 디자인(vernacular design)이라고 한다. 자본주의 생산-소비 시스템 속에서 만들어지고 시장을 통해서 전달되는 디자인을 전문적 디자인(professional design) 또는 제도적 디자인(institutional design)이라고 한다면, 버내큘러 디자인은 민중들이 생활 속의 필요에 의해 직접 만드는 것이기 때문에 자작 디자인(self-aid or DIY design), 민중적 디자인(people's design) 또는 익명의 디자인(anonymous design)이라고 부른다. 다만 새마을운동의 디자인은 전통 농촌 사회의 버내큘러 디자인(민속공예)과는 다른 현대 버내큘러 디자인이며, 그 주체가 궁극적으로는 국가라는 점에서 민중이 주체가 되는 일반적인 버내큘러 디자인과는 차이가 있다.

한국 사회에서 국가는 중요한 디자인 행위자(design agent)이다. 일반적으로 자본주의 사회에서 주요 디자인 행위자는 기업이지만, 한국과 같은 후발 자본주의 국가에서는 국가가 사회와 경제를 주도하면서 디자인 실천에도 크게 개입하기 때문이다. 근대 국가의 디자인 관심은 크게 경제개발, 정치 선전, 사회 복지를 위한 것으로 구분할 수 있는데, 한국의 경우 디자인에 대한 국가의 관심은 주로 경제개발과 정치 선전으로 향한다.[26] 새마을운동에서는 이 둘을 모두 확인할 수 있다. 새마을운동의 '새마을 가꾸기 사업'은 농촌 환경 개선을 통한 소득 증대를 목표로 삼는다는 점에서 경제개발적인 의도를 지니며, 또 주민 동원을 통해 정치적 지지를 얻고자 했다는 점에서 정치 선전적인 성격을 띠기 때문이다.[27] 따라서 새마을운동의 디자인 실천은 기본적으로 국가 주도 디자인(state-led design)으로서,

---

26 최 범, 「국가와 디자인 관심」, 〈디자인 평론〉 2호, PaTI, 2016. 참조.

27 앞의 김미영의 논문은 바로 이것을 주제로 삼고 있다.

생산 형태의 측면에서는 버내큘러 디자인, 추구하는 목적의 측면에서는 경제개발과 정치 선전을 위한 디자인이라고 할 수 있다.

2) 새마을운동과 디자인 진흥정책

새마을운동과 함께 한국의 국가 주도 디자인에서 주목해야 하는 것은 디자인 진흥(design promotion)이다. 마침 새마을운동이 시작된 1970년은 한국 디자인 진흥의 원년이기도 했다.[28] 디자인 진흥이란 말 그대로 국가가 주도하여 디자인 발전을 이끌어가는 것이다. 그 목표는 말할 것도 없이 경제개발이다. 한국은 1960년대부터 경제개발을 최우선의 국가 목표로 설정하고 추진해왔으며, 이때 디자인은 바로 그러한 경제개발을 위한 수단의 하나로서 국가에 의해 선택되고 활용되었다. 흔히 '조국 근대화'라고 일컬어지는 경제개발 정책이 권위주의 국가에 의해 '동원된 근대화'[29]라면, 디자인 진흥은 바로 그러한 근대화의 일환으로서 '동원된 디자인'[30]이라고 부를 수 있을 것이다.

새마을운동 디자인이 국가에 의해 추진된 농촌 기반의 버내큘러 디자인이었다면, 디자인 진흥은 전문적인 디자이너들이 참여한 또 다른 국가 디자인 프로젝트였다. 그러니까 1970년대는 한편으

28 최 범, 「1970년, 한국 디자인이 태어난 해」

29 조희연 참조.

30 최 범, 「한국 디자인의 신화 비판」, 『한국 디자인 신화를 넘어서』, 안그라픽스, 2013. 참조.

로는 새마을운동을 통한 일상의 디자인이, 다른 한편으로는 디자인 진흥을 통한 제도의 디자인이 각기 출현한 시기라고 할 수 있다. 이처럼 새마을운동과 디자인 진흥이 나란히 동시에 시작되었다는 사실은 한국 디자인사의 이해에서 너무나 중요해서 아무리 강조해도 지나치지 않다.

이것은 각기 일상의 디자인과 제도의 디자인의 출발점으로서 현대 한국 디자인의 기본 구조 그 자체를 이룬다고 할 수 있기 때문이다. 물론 일반적으로 볼 때 현대 사회에서 주요 디자인 행위자는 기업이지 국가가 아니다. 하지만 역시 앞서 지적했듯이, 한국의 경우 초기에는 국가가 기업보다 앞선 디자인 행위자였으며, 이를 통해 구축된 구도는 이후 산업화의 결과로 인해 기업이 주요 디자인 행위자로 등장한 이후에도 지속적으로 영향을 미치고 있다.[31] 그만큼 한국 디자인에서 국가 주도 디자인의 정초적 성격은 크고 결정적이었다고 할 수 있다. 그런 점에서 이 역시 김덕영이 말하는, 모든 것이 오로지 경제로 환원된 '환원근대'의 디자인적 버전임을 확인할 수 있다.

31 디자인에 대한 국가의 영향은 관료주의화로 나타난다. 이는 한국의 디자인 제도 자체가 관학복합체의 성격을 띠는데, 상공미전(대한민국산업디자인전람회) 같은 국가 주최의 공모전이 디자인계의 자격 부여 역할을 하며, 이렇게 형성된 디자인 제도(대학과 전문직)가 국가 정책과 밀접하게 관계를 맺고 있기 때문이다. 최 범, 「한국 디자인의 신화 비판」 참조.

3) 새마을운동과 한국 디자인사

(1) 새마을미학의 형성

새마을운동 디자인이 결과한 것은 최종적으로 하나의 미학이었다. 이것은 우석훈이 '직선의 미학'이라고 부르는 것과 유사하다.

"압축 성장이 만들어놓은 한국의 미학은 이제까지 이어져 내려온 해학의 미학, 복잡함의 미학, 섬세함의 미학을 무너뜨리고, 그 위에 시멘트의 미학, 도시 미학, 건설 미학을 세워놓았다. 그러다보니 부작용이 생겨났다. 사람들은 시멘트로 구성된 단선적인 것에서 아름다움을 느끼게 되고, 그 마지막 단계가 되니 강마저도 직선으로 바꾸려고 하는 셈이다. 꾸불꾸불 돌아가는 원래의 강을 직강하로 바꾸는 것, 그리고 그렇게 개조한 강과 하천을 하나로 연결시키는 것을 경부운하라고 부르다가 나중에는 대운하라고 불렀다. 따져보면 이 거대한 음모는 청계 인공하천이라는 작은 수도꼭지에서 시작되었다."[32]

우석훈은 직선의 미학의 기원을 이명박의 청계천 복원공사에서 찾고 있지만, 이것의 사실상의 기원은 새마을운동이다. 새마을운동이야말로 이 땅의 모든 직선들의 진정한 기원인 것이다. 그에 대해 김덕영은 이렇게 말한다.

32 우석훈, 『직선들의 대한민국』, 웅진지식하우스, 2008, 5쪽

“이들이 관심을 갖고 있었던 것은 흙과 짚 그리고 나무라는 전근대적 원료로 형성된 낡은 생활세계를 파괴하고, 바로 그 자리에 시멘트와 철근 그리고 슬레이트라는 근대적 원료를 투입해 새로운 생활세계를 대량으로 생산하는 데 있었다. 그들은 표준화되고 획일화된 설계와 공정에 따라 인간의 생활세계를 상품처럼 대량으로 ‘찍어냈다.’ 공장사회가 도래한 것이다. 이 공장사회가 작동한 지 불과 10년 만에 흙과 짚 그리고 나무로 된 곡선의 생활세계가 시멘트와 철근 그리고 슬레이트로 된 직선의 생활세계로 교체되었다. 그것은 오래된 전통 양식이 ‘새마을 양식’이라고 밖에 달리 개념화할 수 없는 새로운 양식으로 대체된 것이었다. 그리고 그것은 유형적 전통문화의 대멸종이었다.”[33]

이렇게 해서 새마을 양식 또는 새마을미학이 탄생하게 되었다. 그런 점에서 새마을운동은 하나의 미학적 태도 내지는 범주를 만들어낸 것이라고 말할 수 있다. 그리고 이는 이후 한국 사회의 모든 공공 부문의 기본적인 미학적 태도를 이루는 것이기도 하다. 우리는 그것을 간판개선사업을 비롯한 관주도의 공공 디자인에서 확인할 수 있다.[34]

33 김덕영, 276~277쪽

34 최 범, 「간판개선사업은 새마을운동인가」, 『한국 디자인 뒤집어 보기』, 안그라픽스, 2021. 참조.

(2) 한국 디자인사의 구조적 결정

새마을 양식 또는 새마을미학은 한국적 근대성을 가장 가시적으로 보여주는 것이며, 그런 점에서 새마을운동은 한국 디자인사를 구조적으로 결정한 정초적 사건이라고 할 수 있다. 한국 디자인의 패러다임은 서구의 그것과는 전혀 다른 방식으로 전개되었다. 행위자를 기준으로 볼 때, 현대 디자인은 국가 또는 관(官)이 주도하는 공공 디자인(public design), 기업이 주도하는 기업 디자인(corporate design), 민중이 주도하는 민중 디자인(vernacular design)으로 나눌 수 있다.

새마을운동은 이 중에서 공공 디자인과 민중 디자인에 커다란 영향을 미쳤다. 그것은 새마을운동이라는 국가에 의한 위로부터의 동원이 만들어낸 새로운 양식과 미학 그리고 생활세계의 풍경이 공공 디자인과 민중 디자인에 상당히 공통된 양식을 제공했기 때문인데, 그것은 한마디로 말하면 앞서 언급한 '직선의 미학'이라고 할 수 있다. 직선의 미학은 시멘트나 슬레이트 같은 공업 생산 재료와 원색적인 페인트칠의 마감이 빚어낸 어떤 한국판 브루탈리즘(Brutalism) 같은 것을 창조했다. 그런 점에서 한국의 공공 디자인과 민중 디자인은 닮은꼴을 이루며 이것의 공통적인 기원은 새마을운동인 것이다.

그에 반해 한국의 기업 디자인은 전혀 다른 발전 경로를 가진다. 한국의 기업 디자인은 1960년대 이후 경제개발의 산물인데, 처음에는 일본과 미국 같은 외국 디자인의 모방으로부터 시작되었다.

이는 한국의 기업 디자인이 선진국의 주류 디자인 패러다임을 따라갔음을 의미한다. 여기에서 주류 패러다임이란 현대 디자인의 양대 양식인 모던 디자인과 포스트모던 디자인을 가리킨다. 따라서 한국의 기업 디자인은 서구 중심의 주류 디자인을 모방하거나 복제하면서 자신의 디자인 언어를 만들어갔다고 할 수 있다. 아무튼 이러한 사실이 말해주는 것은 한국의 기업 디자인과 공공 및 민중 디자인의 발전 과정과 양식이 상이하다는 사실이다.

물론 어느 사회든지 한 시대에 하나의 양식만이 존재하는 것은 아니다. 어느 사회든지 기본적으로 '비동시성의 동시성'과 불균등 발전의 양상은 존재하며, 보기에 따라서 그것은 차별화된 정체성과 다양성의 표현으로서 바람직한 것일 수도 있다. 그러면서도 한 사회의 풍경은 전체적으로 일정한 통일성을 보여주게 마련인데, 그러한 통일성이 반드시 다양성을 부정하는 것은 아니다. '다양성의 통일'이라는 미적 원리는 개별적 다양성이 더 높은 차원에서 통일되어야 함을 말해준다. 그런 점에서 볼 때 과연 한국 디자인에서도 분야별 양식의 차이가 단지 개별적 분열에 머물지 않고 보다 상위의 차원에서 '다양성의 통일'을 보여주는가를 물어야 한다.

그런데 현실은 이러한 물음에 대해 부정적이다. 직접적인 이유는 일차적으로 기업 디자인과 공공 디자인 및 민중 디자인이 전혀 다른 발전 경로를 갖기 때문인데, 문제는 이 양자가 보다 상위의 차원에서 양식적 통일을 보여주지 못한 채 사회적으로 분열된 풍경을 보여주기 때문이다. 이를 가리켜 '디자인의 양극화'[35]라고 부를 수 있다. 디자인의 양극화란 결국 한국 사회에서 공식적인 디자인과 비공식적인 디자인, 제도의 디자인과 일상의 디자인의 간극이 빚어낸 풍경을 가리키며, 이것은 한국 사회의 풍경을 전체적으로 낯설고 이질적으로 만드는 것이다.

여기에서 공식적이고 제도적인 디자인이란 대학을 중심으로 한 디자인 교육과 자본주의 생산-소비 시스템 내에서의 전문적 디자인을 가리킨다. 여기에는 경제개발의 하위 영역으로서 주로 관학 복합체를 통해 구현되는 디자인 진흥도 포함된다. 그에 반해 새마을운동을 모태로 하는 공공 디자인과 민중 디자인은 공식적이고 제도적인 디자인과는 전혀 다른 방식으로 존재하며, 이것은 새마을 양식과 미학의 산물이라는 것이다. 이렇게 양극화된 디자인의 현실은 소비 상품 영역을 제외한 한국 사회의 공공 영역과 일상적인 생활세계의 벌거벗음을 그대로 보여준다는 의미에서 '디자인 사케르(design sacer)'[36]라고 부를 수 있을 것이다.

35 최 범, 「디자인의 양극화」, 『한국 디자인의 문명과 야만』, 안그라픽스, 2016; 최 범, 「두 개의 사회, 두 개의 디자인」, 『한국 디자인 뒤집어 보기』, 안그라픽스, 2021. 참조.

36 디자인 사케르는 조르조 아감벤의 '호모 사케르(homo sacer)' 개념을 차용한 것이다. "호모 사케르가 정치의 영역에서 어떤 존엄성도 인정받지 못하는 벌거벗은 생명체로 취급되는 것처럼, 디자인 사케르는 없애고 치워버려야 할 것으로 취급받는 벌거벗은 디자인 영역을 지칭한다." 조현신, 「이야기와 이야기: 디자인 유토피아와 디자인 사케르」전 기획의 글, 제로원 디자인 센터, 2009.

결론

오늘날 공식적인 디자인의 주역은 자본주의 시장을 중심으로 하는 기업 디자인이지만, 한국 사회의 일상과 생활세계의 풍경을 좌우하는 것은 여전히 새마을운동으로부터 기인하는 관 주도의 공공 디자인과 민중 디자인임을 부정할 수 없다. 그런 점에서 서구 중심의 모던 디자인과 포스트모던 디자인이라는 패러다임은 한국 디자인에 그대로 적용되지 않는다. 이는 우리가 한국 디자인의 역사를 서구 디자인의 패러다임과는 전혀 다른 관점에서 접근해야 함을 말해준다. 따라서 이러한 인식이 한국 디자인사 연구에서 가장 기본적인 바탕이 되어야 함은 물론이다. 새마을운동이 한국 디자인사에 던지는 의미는 바로 이것이다.

참고문헌

1. 단행본

김덕영, 『환원근대』, 도서출판 길, 2014.

마테이 칼리네스쿠, 이영욱 외 옮김, 『모더니티의 다섯 얼굴』, 시각과 언어, 1993.

오유석, 『박정희 시대의 새마을운동』, 한울, 2014.

우석훈, 『직선들의 대한민국』, 웅진 지식하우스, 2008.

이 환, 『근대화, 아시아적 가치, 세계화』, 문학과지성사, 1999.

이환병, 『농촌 새마을운동: 신화와 역사 사이에서』, 도서출판 선인, 2017.
조희연, 『동원된 근대화』, 후마니타스, 2010.
최 범, 『한국 디자인을 보는 눈』, 안그라픽스, 2006.
최 범, 『한국 디자인 신화를 넘어서』, 안그라픽스, 2013.
최 범, 『한국 디자인의 문명과 야만』, 안그라픽스, 2016.
최 범, 『한국 디자인 뒤집어 보기』, 안그라픽스, 2021.
최 범 편집, 『디자인 평론』 2호, PaTI, 2016.

2. 논문

김미영. 「새마을운동과 천리마운동의 선전 선동적 시각 이미지」. 홍익대학교 석사 논문, 2005.
김인진. 「새마을운동을 통해서 본 한국 사회의 근대성 형성에 관한 연구」. 서울대학교 석사 논문, 1999.
남근우. 「한국의 새마을운동과 생활 변화」. <일상과 문화> 제5권. 2018.
서준영. 「새마을운동 시각 상징을 통한 자조·경쟁하는 국민의 형성」. 국민대학교 학사 논문, 2020.
예용광. 「1970년대 새마을운동으로 나타난 마을 및 주거 공간 변화에 관한 연구」. 성균관대학교 석사 논문, 2003.
이승훈. 「1970년대 농촌주택개량사업」. <정신문화연구> 제29권 제4호. 2006.

2. 민중적 리얼리즘의 '민중'과 '현실'은 무엇인가[37]

-새로운 리얼리즘을 위하여

고축문 또는 선언문

"유세차 갑자년 사월 스무하룻날 미술동인 '두렁'은 경인미술관에서 '창립전'을 가지게 되었으니, 하늘에 계신 단군 한울님, 항일의병신위님, 갑오농민신위님, 노동신위님 부디 내려오셔서 흥겨운 잔치판에 먹고 나고 놀고나 가소서. 또한 광대신위님도 함께 내려 오셔서 자릴 빛내 주소서. 지금 서울 장안에는 온갖 서양 잡귀신들로 붐비어 있습니다. 남이야 어찌됐던 예술이 최고다 순수귀신, 이 세상에서 가장 아름다운 건 여인의 육체다 누드귀신, 그림을 잘 그리려면 인상 쓰는 것부터 배워라 인상귀신, 예술의 창조는 곧 파괴다 다다귀신, 난 다다의 사촌이다 슈르레알 귀신, 똑같이 그리자 하이퍼 귀신, 콘셉츄얼아트, 팝아트, 미니멀아트, 모노크롬, 액션페인팅, 해프닝, 비데오아트 등등 여기 내려오신 여러 신위님들이시어. 이 온갖 잡귀 잡신 물리치게 도와주소서. 또한 참다운 우리 그림 그리게 살려주소서. 여럿이 그림을 그린 가운데 재치가 넘쳐흐르는 그림, 서툴러 보이지만 익살이 듬뿍 담겨 있는 그림, 서민들의 한과 신명이 꿈틀대며 살아나는 탈, 마을 입구에서 재앙을 물리치던 장

37 이 글은 '두렁' 동인의 창립 40주년 기념 전시를 보고 쓴 것이다. 1984년 경인미술관에서 열린 창립전은 굿과 미술이 함께 하는 그때까지 보지 못했던 특이한 미술 이벤트였다. 홍익대학교 민화반이 모태가 된 '두렁'은 창립 이후 민중미술의 주요 집단으로 성장했다. 라원식 외, 『두렁, 앞뒤: 한국 민중미술사의 재구성』, 수류산방, 2024. 참조

승, 이처럼 그림이 인간의 삶 속에 깊숙이 파고들어 삶에 꿈과 용기를 주는 그림 되게 도와주소서. 여기 모이신 여러 신위님들, 구경 손님네들 차린 건 별로 없어도 서로 나눠 먹고 그림 구경 실컷 하고 배부른 듯 돌아가소서. 가시는 걸음이 흐뭇하기를 바랍니다. 잡귀 잡신은 물알로, 만복은 이리로, 쳐드리세 쳐드리세 만복을 쳐드리세 - 상향."

2024년 11월 9일 인사동 관훈갤러리에서 미술동인 '두렁'의 창립 40주년 기념전시가 열렸다. 열림굿과 함께 개막된 전시의 한쪽 벽면에는 40년 전 창립 당시의 고축문(告祝文)이 걸려 있었다. 고축문은 제사를 지낼 때 신령에게 바치는 글이다. 제사도 아닌 미술 전시에서 고축문을 올렸다는 것에서 '두렁' 그룹의 성격을 알 수 있다. 그런데 비록 전통적인 제의(祭儀)의 형태를 띠었지만, 고축문은 일종의 선언문이라고 볼 수 있다. 그러니까 위의 고축문은 '두렁'이라는 미술집단이 출범을 하면서 자신들의 존재와 활동 방향을 알리는 공개 문건인 셈이다.

원래 선언(manifesto)은 20세기 초 서양의 아방가르드 예술운동에서 볼 수 있는 행동양식이다. 미술의 역사는 오래되지만 현대 이전에는 미술에서 선언이라는 행위가 없었다. 근대 이전의 미술은 전부 종교나 정치권력의 주문 아니면 민중의 일상적 필요에 의해서 제작되었으며 그 주된 동력은 후원(patronage)이었다. 그러다가 근대에 오면 미술이, 아니 미술 이전에 사회 전 부문이 종교나 정치권력으로부터 자유로워지면서 상대적 자율성을 갖게 되었다. 자유로워지는 대신에 미술은 자기 스스로 먹고살 길을 찾아야 했다. 전통적인 종교나 정치권력의 후원을 대신한 것은 자본주의 시장경제였다. 이제 예술가들은 시장을 통해 자신의 작품을 팔아야 먹고살 수 있게 되었던 것이다. 누군가에게는 전통적인 후원 체계가 더 좋았을 수도 있고 누군가에게는 자유로운(?) 시장경제가 더 유리할 수도 있었다. 하지만 전통적인 후원 체계가 소수에 의한 카르텔이었다면 시장은 냉혹한 교환의 법칙이 지배하는 또 다른 정글이었다.

근대적인 시장경제 체계에 편입된 예술의 운명이 좋은 건지 나쁜 건지는 각자 달리 판단할지라도 아무튼 예술의 사회적 기능과 역할이 중세와 확연히 달라진 것만은 분명했다. 중세적인 후원-봉사 체계로부터 벗어나 예술이 자기 스스로 앞가림을 하게 된 것, 아니 그럴 수밖에 없었던 것, 이것이 이른바 '예술의 자율성(autonomy of art)'이라고 부르는 것이다. 창작의 자유는 획득했지만 사회적 지분(持分)은 상실한 예술. 예술의 자유에는 굶어죽을 자유도 포함되었다. 미셸 라공은 시니컬하게 말한다.

"그럼에도 불구하고 예술가는 화형에 처해지지 않았다. 왜냐하면 부르주아 사회는 나무와 성냥을 아꼈기 때문이다. 하지만 예술가는 한결같이 배고픔이나 절망으로 죽어가도록 방치되었다."[38]

38 미셸 라공, 김현수 옮김, 『예술, 무엇을 하기 위한 것인가』, 미진사, 1986, 25쪽

이제 각자도생하게 된 예술가들은 자신의 존재를 적극적으로 사회에 알리기 위해서라도 전투적으로 살아갈 수밖에 없었다. 이것이 바로 아방가르드 예술운동이 탄생하게 된 배경이다. 중세적인 후원 체계로부터는 벗어났지만, 다시 자본주의 시장경제의 그물에 걸리고 만 예술, 후원과 봉사라는 전통적인 생존방식에서 벗어나, 사회적 기능을 상실한 예술에게 사회적 역할을 부여하여 다시 사회로 돌려보내기 위한 예술 재생 프로젝트, 그것이 바로 아방가르드 예술운동의 기획이었던 것이다.

그러면 아방가르드는 예술에 어떤 사회적 역할을 부여하여 다시 사회로 돌려보내려고 했던 것일까. 그것이 더 이상 종교나 정치 권력에 봉사하는 중세적인 방식이 아님은 분명하다. 냉혹한 자본주의 시장경제에 내던져진 예술가들. 하지만 그들은 다시 예전처럼 성당의 벽화를 그리거나 왕의 영광을 찬미하거나 귀족들의 만찬에서 여흥을 돋우는 역할로 돌아갈 수 없었다. 대신 아방가르드가 추구한 것은 예술에 전통적인 사회적 기능을 부여하는 것이 아니라, 거꾸로 예술을 통해서 사회를 바꾸는 것, 즉 혁명이었다.

정확하게 말하면 아방가르드가 꿈꾸는 혁명은 예술을 사회화하는 것이 아니라 사회를 예술화하는 것이었다. 즉 사회에 예술을 맞추는 것이 아니라 사회를 예술에 맞추는 것, 한마디로 초현실적인(?) 기획이자 야무진 꿈이 아닐 수 없었다. 그래서 혁명이었다. 예술의 혁명이고 예술을 통한 혁명이고 예술을 위한 혁명이었다. 사회로 환원되는 예술이 아니고 예술로 수렴되는 사회를 꿈꾼, 그런

혁명이었다.

페터 뷔르거는 이렇게 말한다.

"이제 아방가르디스트들이 의도하는 것은 예술을 바로 그러한 실제생활 속으로 통합시키는 일이 결코 아니다. 그와는 반대로 아방가르디스트들은 유미주의자들이 표현하였던, 합목적적으로 조직된 세계에 대한 거부를 유미주의자들과 함께 공유하고 있는 것이다. 아방가르디스트들이 유미주의자들과 다른 점은, 그들은 예술로부터 새로운 실제생활을 조직하려고 시도한다는 점이다."[39]

한마디로 아방가르디스트들은 예술의 순수함(유미주의, 唯美主義, Aestheticism)은 절대로 양보하지 않으면서 예술이 현실에 맞추는 것이 아니라 반대로 현실이 예술에 맞출 것을 요구한 것이다. 참으로 야무진 꿈이라고 할 것이다. 아무튼 말이 되든 아니든 아방가르드의 전략이란 이런 것이었다.[40] 이런 과정에서 선언은 자신들의 생각을 알리고 활동 방향을 제시하기 위한 기획이었다. 원래 선언은 혁명을 예고하는 정치 행위이거나 선전포고와도 같은 전쟁 행위의 일환이었다. 아방가르드라는 말 자체가 군사 용어이다. 아방가르드

39 페터 뷔르거, 최성만 옮김, 『전위예술의 새로운 이해(Theorie der Avantgarde)』, 심설당, 1986, 84쪽

40 과연 아방가르드의 전략이 성공했는가에 대해서는 다음 글을 참조. 성완경, '아방가르드의 딜레마', 『민중미술, 모더니즘, 시각문화』, 열화당, 1999, 135~158쪽

(avant-garde)는 맨 앞에서 나아가는 전위부대라는 뜻이다. 그러다가 18~19세기의 혁명의 시대에, 이 전투적인 용어가 정치적인 용어(전위당!)가 되고 급기야는 예술 용어가 되었다. 아무튼 예술가들이 선언을 한다는 것은 자신들의 행위를 정치적이고 군사적이고 혁명적인 것의 일종으로 이해했다고 보아도 좋다.

'한국적 모더니즘' 비판과 민중미술의 대두

다시 '두렁'으로 돌아오면, 우리는 그들의 선언문(고축문)에서 무엇을 읽을 수 있을까. 서양 아방가르드의 예술 행동을 모방한, 그들의 선언에는 어떤 내용이 담겨 있을까. '두렁'의 선언문은 철저한 선악이분법으로 이루어져 있다. 미술에는 물리쳐야 할 잡귀신과 살려내야 할 우리 그림이 있다. 순수귀신, 누드귀신, 인상귀신, 다다귀신, 슈르레알 귀신, 하이퍼 귀신, 콘셉추얼 귀신, 팝아트, 미니멀아트, 모노크롬, 액션페인팅, 해프닝, 비디오 아트 등등은 잡귀신이고, 재치가 넘치고 익살이 담겨 있는 그림, 서민들의 한과 신명이 꿈틀대며 살아나는 탈, 마을 입구의 장승 등은 인간의 삶 속에 깊숙이 파고들어 꿈과 용기를 주는 미술이다.

한마디로 서양 미술(누드화에서 비디오 아트까지)은 죄다 물리쳐야 할 잡귀신이고 한국 전통미술(민화에서 장승까지)은 복을 받아야 할 미술이라는 것이다. 이처럼 '두렁'의 고축문은 외형적으로는 서양 아방가르드 예술운동의 선언문과 비슷해 보이지만, 그 내용이나 성격은 철저히 전근대적인 무속적 세계관과 사고방식으로 채워져 있다. 사실 그들의 미술은 굿의 일종이었다. 그러면 이 대목에서 한 번 물어보자. 서양의 아방가르드 예술운동이 근대혁명을 꿈꿨다면, '두렁'이 꿈꾼 혁명은 어떤 혁명이었을까. 그것은 한마디로 근대를 거부하고 과거의 농촌 공동체로 돌아가고자 하는 전근대혁명이다. 서구의 아방가르드 예술운동과 마찬가지로 두렁도 미술과 현실의 합일을 꿈꿨다. 하지만 그들이 생각하는 현실은 지금 여기, 이곳의 현실이 아니라 근대 이전의 농촌 공동체였다. '두렁'이라는 이름 자체가 이미 그렇다. 논두렁, 밭두렁 할 때의 그 두렁.

서양 현대미술을 부정하는 것은 한국 현대미술을 부정하는 것과 같다. 한국 현대미술은 바로 서양 현대미술의 영향으로 탄생한 것이니까 말이다. 자, 그럼 이 사태를 어떻게 이해해야 할까. 서양 현대미술과 그 영향을 받은 한국 현대미술은 모두 잡귀신들이어서 몰아내야 하고 탈이나 장승같은 전통미술만을 해야 하는 것일까. 두렁의 논리를 그대로 받아들이면 우리 것은 모두 좋고 남의 것은 모두 나쁘다는 단순하기 짝이 없는 선악이분법이어서 헛웃음이 나오지 않을 수 없다. 이 정도면 히틀러도 울고 갈 정도의 심각한 인종주의적 편견이라고 해야 하지 않을까. 과연 이런 극단적인 이분법을 낳은 시대는 어떤 시대일까. 심지어 이런 미술을 진보적이라고 불렀던 시대는 어떤 시대였던 것일까. 이러한 물음에 모두 답하기는 쉽지 않지만 하나씩 풀어보도록 하자.

서양 미술의 영향은 멀리 올라가자면 18~19세기에 중국을 통해 들어온 투시도법이나 음영법에서부터 찾을 수 있지만, 좀 더 정확하게는 20세기 초 일본 유학을 한 최초의 서양화가 고희동으로부터 본격화된다.[41] 그러니까 20세기 초부터 한국 미술은 다양한 서양 근현대미술의 영향을 받아왔는데, 전통적인 동양화(또는 한국화)를 제외한 미술은 모두 다 서양 미술의 영향으로 생겨난 것이라고 할 수 있다. 이는 현대미술의 기원이 서양이기 때문에 당연한 것이다. 따라서 한국 현대미술은 서양 미술의 영향을 받은 한국 미술인 것이다.

서양 미술의 영향은 20세기 내내 이어지지만 20세기 후반인 1950~70년대에는 특히 '한국적 모더니즘'이라고 부르는 현대미술 사조가 유행하였다. 20세기 전반기의 사조가 주로 고전적이거나 인상파적인 사실주의였다면 20세기 후반의 '한국적 모더니즘'은 추상미술이 대세를 이루었다. 특히 앵포르멜이나 모노크롬 같은 비정형적인 추상미술이 '한국적 모더니즘'을 대표하는 스타일로 부상하며 한국 미술계를 지배했다. 이처럼 한국 현대미술은 서구 현대미술의 영향을 직접적으로 받았지만, 1960~70년대의 한국 사회는 경제개발과 근대화로 분주한 시대였고, 당대의 한국 미술은 서구와 달리 사회적 현실과 아무런 접점도 갖지 못한 채 부유(浮遊)할 수밖에 없었다. 다시 말해서 한국 현대미술의 형성은 서양 현대미술의 영향으로 인한 것이었지 한국 사회의 발전에 따른 내부적 충동의 결과는 아니었다는 말이다.

41 김란기, 『우리나라 최초의 서양화가 춘곡 고희동』, 에디터, 2014. 참조

이미 이야기한 것처럼, 서구에서도 근대에 오면 '예술의 자율성'이라고 하여 예술이 사회와 직접적인 접촉을 갖지는 않았다. 그러나 서양 미술의 자율성이라고 하는 것은 근대 이전의 예술이 종교와 정치권력에 봉사하는 기능으로부터 벗어나 자신만의 문법과 노선으로 나아가는 것을 말한다. 비록 자율성이라는 형태를 띠었지만 서양 현대미술은 자기 나름대로 세계와 시대를 보는 눈을 가지고 있었고 현실과의 치열한 관계 속에서 나름대로 자신의 길을 찾아간 것이었다. 그러니까 서양 미술의 자율성은 예술이 현실의 요구에 직접적으로 봉사를 하지 않는다는 말이지 예술이 현실에 아무런 관심이 없거나 관계를 맺지 않는다는 것을 의미하지 않는다. 오히려 아방가르드 예술운동에서 보듯이 예술은 현실과 직접적인 관계를 맺으며 심지어 현실을 적극적으로 변화시키려고 했다. 따라서 서양 현대미술의 혁명은 현실의 혁명과 결코 무관하지 않았다. 특히 사회주의 혁명과.

하지만 한국 현대미술은 달랐다. 서양의 현대미술이 그들 나름대로 현실적 실천의 한 양태였던 반면 한국의 현대미술은 서양 현대미술을 모방했을 뿐 한국의 동시대 현실과는 아무런 관계를 맺지 않았다. 이는 한국의 근대가 서구 근대의 모방이지만 그 실제는 달랐던 것과도 같다. 서양 현대미술은 나름대로 현실참여적이었지만, 한국 현대미술은 현실과 아무런 기능적·의미적 연관을 갖지 않았다. 통상 '현대미술의 혁명'이라고 불리는 서구의 추상미술은 구체적인 현실에 대한 재현을 거부하고 예술가의 머릿속 형상을 표현했다. 그런 점에서 추상미술은 형식주의라고 비판을 받기도 했다. 전통적인 재현미술이 역사적 사건이나 인물 같은 구체적인 현실의 대상을 묘사한 내용주의라면 추상미술은 그러한 내용을 배제했다는 점에서 '내용 없는' 형식주의라고 불린 것이다. 이때 형식주의라는 말은 내용 없는 공허함을 가리키는 것으로서 다소 비하적인 의미를 담고 있다. 하지만 추상미술은 과연 내용 없는 공허한 형식주의에 지나지 않았던 것일까.

추상미술이 구체적인 형상을 묘사하지 않은 것은 어떻게 보면 내용을 추방한 형식주의로서 현실에 대한 관심과 의미연관을 포기한 한낱 조형적 유희로 보이기도 한다. 하지만 추상미술이 외부 세계의 재현을 부정한 것은 달리 말하면 전통적인 질서에 대한 거부를 의미 하는 것으로서 나름대로 혁명적 의미를 가진다고 볼 수도 있다. 외부 현실에의 재현을 포기하는 대신에 화면 내에서의 독자적인 질서를 창조하는 것은 현실에 대한 급진적인 단절과 함께 새로운 세계의 구축을 추구하는 혁명적 행위일 수 있기 때문이다. 세잔느의 사과가 단지 눈에 보이는 사과의 재현이 아니라 자기 나름대로 화면 위에 구축한 질서의 한 요소를 의미한다는 점에서, 재현 자체가 낡은 것이 되었다. 20세기에 들어와 본격화된 입체파, 미래파, 구축주의, 데스테일(De Stijl)[42], 바우하우스 등의 아방가르드들은 말할 것도 없고.

42 '데 스테일은 'The style' 즉 양식을 의미하는 네덜란드어이며, 1917년 '테오 반 되스부르크'와 '몬드리안'이 주축이 되이 결성된 기하학적 추상미술 운동을 뜻한다. 20세기 추상미술의 선구자인 '몬드리안 Piet Mondrian'이 '데 스틸' 운동의 기반을 형성하였다.

그런 점에서 '현대미술의 혁명'을 단지 새로운 조형 문법의 등장으로만 보는 것은 단견이다. 현대미술의 혁명은 조형상의 혁명을 넘어서 현실의 혁명을 의미하고 그로 나아가려는 의지의 표현이기도 한 것이다. 아방가르드가 사회에 예술을 맞추는 것이 아니라 예술에 사회를 맞추려고 한 것도 그때문이다. 다시 말해서 그들은 그들이 이상적으로 생각한 조형적 질서에 현실을 맞추고 변화시키려고 한 것이었다. 그때문에 아방가르드는 새로운 예술을 '전투적으로' 선언하고 실천하고자 한 것이다. 그들에게 예술은 곧 전투였다. 비록 그것이 한갓 그들 머릿속의 망상에 지나지 않았을지라도 말이다.

이렇게 보면 현대미술을 형식주의라고 비판하는 것은 피상적인 것이다. 겉으로 보기에는 아무 것도 표현하지 않은, 오로지 형태적인 유희에 지나지 않아 보이는 추상미술이 사실은 현재의 질서를 전면적으로 부정하고 완전히 새롭게 구축하고자 하는 급진적 기획이었음을 간과해서는 안 된다. 물론 이러한 아방가르드의 기획이 정말 현실성이 있는 것인지, 그들의 행위가 어떤 결과를 가져왔는가에 대한 평가는 다른 문제이다. 이는 서구 아방가르드에 대한 미술사적 평가의 문제가 된다.[43]

아무튼 현대미술에 대한 형식주의라는 비판은 그리 간단하게 수긍할 수 있는 것이 아니라는 말이다. 물론 서구 현대미술에 추상미술만 있었던 것은 아니다. 모더니즘 외에도 리얼리즘의 전통이

---

43 이 역시 앞서 언급한 성완경의 글을 참조하면 된다.

있었다. 19세기에 등장한 리얼리즘은 모더니즘과 함께 현대미술의 양대 사조를 이루어왔다. 전통적인 사실주의를 제외한다면 19세기 이후의 리얼리즘이라 함은 주로 '비판적 리얼리즘(critical realism)'으로서 '사회적 리얼리즘(social realism)'에서 '사회주의 리얼리즘(socialist realism)'으로 발전하며 내용주의 미술의 중심을 이룬다. 아무튼 이렇게 보면 서구 현대미술은 크게 재현 위주의 리얼리즘 계열과 추상 위주의 모더니즘 계열로 나눠지며, 그것들은 각기 나름의 방식으로 현실과 일정한 연관을 가진다. 리얼리즘은 현실의 재현을 통해서, 모더니즘은 현실의 재현을 부정하는 대신에 새로운 형상의 구축을 통해서.

이제 문제는 한국 현대미술을 어떻게 볼 것인가 하는 점이다. 한국 현대미술 역시 리얼리즘과 모더니즘이라는 두 갈래로 나뉜다. 리얼리즘은 서구 미술의 영향을 받은 고전적인 리얼리즘부터 인상파적인 리얼리즘까지 주로 20세기 전반에 풍미한 흐름이다. 그에 반해 모더니즘은 20세기 후반에 들어서면서 역시 서구 현대미술의 영향을 받은 이른바 앵포르멜과 모노크롬 등의 '한국적 모더니즘'이 해당된다. 따라서 한국 현대미술 역시 리얼리즘과 모더니즘이라는 양대 사조로 구분해 보는 것이 가능하다. 그런데 문제는 이러한 양식적 특성을 떠나서 이러한 양식이 기반하고 있는 현실에 있다. 다시 말해서 서구의 현실과 한국의 현실의 차이이다.

미술 이전에 한국의 근대 역시 서구 근대의 영향을 받았다. 하지만 서구의 근대와 한국의 근대는 같지 않다. 그것은 서구적 근대와 비서구적 근대, 원형 근대와 식민지적 근대, 제1세계 근대와 제3세계 근대의 차이일지도 모른다. 아무튼 한국의 근대와 서구의 근대는 같지 않다. 따라서 한국의 현대미술과 서구의 현대미술도 같을 수 없다. 여기에 대해서는 많은 논증이 필요하지만 간단하게 말하면 리얼리즘이든 모더니즘이든 간에 한국 미술의 경우 사회적 연관성이 거의 부재하다는 사실을 지적하지 않을 수 없다. 적어도 서구의 경우 추상미술조차도 겉으로 보기와는 달리 현실과의 연관성이 없지는 않았다. 아니, 보기에 따라서 추상미술은 과잉된다고 할 만큼 현실연관성이 컸다.

하지만 한국 미술의 경우 추상미술은 서구의 그것처럼 혁명적이지 않았다(물론 형태만은 혁명적이고자 했지만). 그래서 한국의 추상미술은 서구 추상미술의 형태만을 모방했을 뿐 서구 추상미술에 깔린 혁명적 의지와 충동은 알지도 못했고 알 수도 없었다. 그래서 서구 추상미술에 대해 한갓 형식주의라고 하는 비판은 적실하지 않은 반면에 한국의 추상미술에 대해서라면 그 말은 맞다. 굳이 말하자면 한국의 추상미술은 혁명적 충동 없는 혁명적 표현 그 자체일 뿐이었으니까. 그리고 그러한 추상미술을 추구한 작가들은 현실의 혁명이기는커녕 오히려 현실 권력에 부화뇌동하고 협력했다. 그에 대해 미술사가 권영진은 이렇게 지적한다.

"군사 독재기 단색조 화가들은 과거로의 후퇴, 전통으로의 회귀, 보수적인 회화 양식으로의 은둔을 통해 정치 현실에 대한 참여나 저항에서 물러나는 것은 물론 강압적인 지배 이데올로기에 암묵적인 동조와 지지를 표시했다는 판단이 가능하다. 그것이 작가들이 의도한 것이든 의도하지 않은 것이든 당시의 정치 현실과 순수미술의 전개과정은 매우 유사한 궤도를 그리고 있다. 후발주자로서 서구식 근대화를 추진하는 동시에 고유한 정체성을 모색하는 이중의 과제는 제3세계의 근대화 과정에서 공통적으로 직면하는 딜레마인데, 전통과 현대, 국제성과 지역성, 보편성과 특수성의 문제는 1970년대 한국의 정치 현실에서는 물론 순수미술의 영역에서도 피할 수 없는 당면 과제였던 것이다.

이 시기 단색조 회화를 단순히 예술을 위한 예술이나 현실을 초월한 은자(隱者)의 아름다운 침묵으로만 볼 수 없는 것은 단색조 회화의 많은 화가들이 국가에 의해서 추진된 민족기록화 사업에 참여한 사실을 통해서 돌이켜볼 수 있다. 단색조 회화의 수장이라 할 수 있는 박서보의 『묘법』이 구체적 윤곽을 드러낸 1973년은 민족기록화 경제편이 완성된 해이기도 하다. 박서보는 평상시 상이한 여러 스타일을 동시에 시도한다는 말을 남기고 있지만, 추상과 구상의 양극단을 달리는 한 작가의 같은 해 두 작품을 보는 것은 한국의 근대화, 한국의 추상미술이 거쳐 온 모순적인 문화정치학의 이중구조를 여지없이 드러내 보인다. 자발적 참여가 아니었어도 이러한 대비가 가능한 것이 우리의 근대화였고 우리의 모더니즘이었다."[44]

44 권영진, 「한국적 모더니즘의 창안: 1970년대 단색조 회화」, 〈미술사학보〉 제35집(2010), 85쪽

이러한 한국 현대미술의 비현실성과 모순, 그리고 의미론적 공허함에 대한 비판이 1970대에 들어오면서 제기되었다. 그러면서 미술계 일각에서 이에 대한 반성과 함께 새로운 미술에 대한 요구가 대두되었다. 그것이 이른바 리얼리즘 미술이며 나중에 민중미술로 불리게 되는 것이다. 이처럼 '한국적 모더니즘'을 비판하며 등장한 민중미술을 '한국적 리얼리즘'이라고 부를 수 있겠다. 이리하여 '한국적 모더니즘'과 '한국 리얼리즘'(민중미술)이라는 양 갈래가 1980년대 말 포스트모더니즘이라는 새로운 물결이 밀려오기 전까지 한국미술의 지형을 이루고 있었다. 이러한 대립구도는 1960년대 문학에서의 순수문학과 참여문학 논쟁처럼 모더니즘과 민중미술 논쟁, 그리고 나중에는 모더니즘의 바통을 이어받은 포스트모더니즘과 민중미술의 논쟁[45]을 낳기도 했다.

사실적 재현 중심의 고전적 리얼리즘을 제외하면 근대의 리얼리즘은 기본적으로 현실비판적인 예술이다. '한국적 리얼리즘'인 민중미술이 '한국적 모더니즘'을 비판한 이유에는 그것이 현실을 외면한 형식주의이고 서구 추종의 관념적인 유희였다는 것만이 아니라 모더니스트 작가들이 순수예술을 주장하면서도 다른 한편으로는 박정희의 군사독재 등에 협력했다는 비판도 포함되었다. 앞서 지적했듯이 이는 사실이다. 따라서 '한국적 모더니즘'의 하나인 앵

45 당시 포스트모더니즘에는 평론가 서성록, 민중미술 진영에는 심광현이 대표주자로 미술잡지 지상에서 논쟁을 벌였다. 문혜진, 『90년대 한국미술과 포스트모더니즘』, 현실문화, 2015. 참조

포르멜 작가들이 "우리는 침묵함으로써 저항했다"[46]라고 한 발언은 하나의 코미디에 불과하다. 분명 '한국적 모더니즘' 작가들은 예술의 순수성을 외쳤지만 실제로는 권위주의 정치에 협력했으며, 예술의 권위를 내세워 현실적인 이익을 추구했다. 모더니스트들의 이러한 처신은 많은 작가들로부터 비판을 받았으며, 이에 대한 문제의식을 가진 이들에 의해 '한국적 리얼리즘'인 민중미술 운동이 일어났던 것이다. 권영진은 이른바 '한국적 모더니즘'의 반시대성에 대해서 이렇게 말한다.

"침묵은 상황에 따라 강력한 저항의 의미로도 무책임한 방관의 의미로도 읽힐 수 있다. 1970년대 단색조 회화의 주변을 둘러싼 정치사회적 현실과 급변하는 문화 지형도의 빠진 그물코를 연결해 보면, 미술 외적인 현상과 단절을 선언한 순수미술, 무념무상, 도의 경지, 은자(隱者)의 노장사상을 추구한 단색조 회화의 수사학을 액면 그대로 받아들이기는 어렵다.

단색조 회화는 유신정권의 암울한 현실 속에서 전통과 먼 과거로의 회귀를 선택함으로써 사회 현실에서 도피하는 것은 물론 암묵적인 침묵으로 유신정부의 정책에 호응하는 길을 택했다. 국제 교류를 통한 대외 진출의 기회에 영민하게 반응하고 국전을 대체하여 새롭게 형성되는 상업미술의 시대에 민첩하게 대처했지만, 많은 대중과 공감하거나 일상적인 삶의 영역에 개입하여 의식의 전환을 꾀

46 이우환 「단색화는 현실 외면 아니라 저항 자세」, 〈연합뉴스〉 2014년 9월 1일.

하는 예술의 비판적 기능에는 무관심했다. 서구 미술 중에서 순수 추상, 미국식 형식주의 미학을 선별적으로 수용하고, 정권의 검열을 피할 수 있는 안전한 전통의 영역에 안주하여, 다양한 아방가르드 정신과 광의의 전통이 계승될 가능성을 차단했다.

단색조 회화가 이룩한 '한국적 모더니즘'의 성과는 매우 좁고 배타적인 선택의 결과이며, 그것은 특정 계층과 집단에 한정된 미술이었다. 탈식민 근대화의 이중과제, 즉 서구의 틀과 전통의 정신이라는 한계를 내재한 채, 1970년대의 동원된 '근대'와 만들어진 '전통'이 결합하면서 탄생한 산물이다. 단색조 회화는 집단적으로 번성하며 매우 성공적인 '한국적 모더니즘'을 달성하는 반대급부로 현대미술 내부의 다양한 실험정신, 진취적인 개성, 개인적인 자유, 다양한 계층과 젠더의 목소리를 소거해버렸다. 그 결과 1990년대 중반 소위 '신세대' 미술가들이 등장하기 전까지 한국 미술계는 단색조 회화가 현실과 정치로부터 멀어진 만큼 현실과 정치의 문제를 강력하게 제기하는 정치적인 미술의 시대, 민주화 투쟁이 예술의 과제를 압도하는 시대를 맞게 된다."[47]

그런 점에서 한국의 추상미술은 공허한 형식주의라기보다는 차라리 비겁한 형식주의라고 불러야 맞을 것이다. 인용문의 마지막 문장에서 정치적인 미술은 민중미술을 가리키는 것으로 보인다. 바로 이러한 '한국적 모더니즘'의 비현실성을 비판하고 등장한 민중

47 권영진, 100~101쪽

미술은 현실에 대한 비판과 함께 미술의 사회적 기능 회복을 요청하였다. 그것은 한마디로 '소통'이었다. 민중미술의 선두주자라고 할 수 있는 '현실과 발언' 동인이 추구한 것이 바로 그것이었다. '두렁'과 함께 초기 민중미술 운동의 양대 산맥이라 할 수 있는 '현실과 발언'의 일원인 성완경의 발언은 이러한 의지를 잘 보여준다. '현실의식과 미술로서의 실천'이라는 제하의 좌담회에서 성완경은 이렇게 말한다.

"...최 민씨와 언젠가 그것을 외국어로 번역하면 어떻게 되겠느냐 하고 얘길 나눈 적이 있는데, 최 민씨는 그것을 Utterance로, 즉 어떤 상황 내지 동기가 있을 때 즉각적이며 직접적인 반응으로서의 '발언'이라고 생각한 것이지요. 저는 그것이 불어(佛語)에서의 prise de parole의 의미가 될 것이라고, 즉 발언을 획득한다는 의미가 될 것이라 말한 일이 있습니다. 그것은 청중 속에서 손을 들어 말하는 경우도 되겠고, 자기가 자기의 발언의 필요성을 자각하고 이니셔티브를 갖는다는 의미로 번역돼야 그 본래의 의도를 살리는 것으로 본 것입니다. 이런 얘기는 여담에 불과할지 모르지만, '미적 표현', 즉 전문인들에 의해 가치가 규정되고 부여되는 의미가 아니라 생활의 직접적인 표현이라는 의미를 가졌다는 것이 강조돼야 할 것 같습니다."[48]

48 현실과 발언 동인, 『현실과 발언』, 열화당, 1985, 187쪽

성완경의 말은 당시 '현실과 발언' 그룹의 생각을 잘 보여준다. 그것은 말 그대로 미술은 '현실'에 대한 '발언'이어야 한다는 것이고 현실은 생활의 직접적인 표현이어야 한다는 것이다. 여기에 '한국적 모더니즘'으로 대변되는 기존 미술에 대한 비판적 문제의식이 선행함은 물론이다.

"자신의 삶을 추상화·비역사화하고 오로지 주관화한 형태로만 존립 가능한 자신의 자유를 부르주아 사회에서 소비 가능한 것으로 만들면서, 예술가는 오직 예술의 사회적 기능 부재의 형태로서만 동시대의 사회적 삶에 편입된다. 그의 존재는 근원적으로 장식적이고 기생적(寄生的)이다. 부르주아 사회는 '문화적 보편주의'의 이름으로, 다시 말해 본질적으로 비역사적이며 그 또한 자유의 주관화한 형태인 보편적 심미주의의 이름으로 이 예술가의 자유를 소비한다. 작가의 허위의식은 이처럼 자신의 사회적 조건과 모순된 관계에 있는 오직 비현실적 기초 위에서만 존립 가능한 자신의 자유를 실체적 자유로 혼동함으로써 생긴다. 이른바 예술의 자율성의 신화란 것이 그것이다. 그것은 자신의 사회적 조건을 배반함으로써만 자율적 존재로서의 작품 속에서 자신의 자유를 실현하고, 이렇게 실현된 자유를 역시 주관화한 형태로 흡수하는 고객의 돈에 의해서 자신의 실제의 삶이 조건을 얻는 예술가의 모순된 존재방식 바로 그것을 일컫는 말이다."[49]

49 성완경, '미술의 민주화와 소통의 회복', 『민중미술, 모더니즘, 시각문화』, 52~53쪽

이러한 문제의식에서 출발한 '한국적 리얼리즘' 또는 민중미술은 1980년대를 지나면서 변화·발전한다. 민중미술의 발전과정을 어떻게 볼 것인가에 대해서는 평론가들마다 의견이 다르다. 심광현은 1980년대 리얼리즘을 비판적 현실주의, 민중적 현실주의, 당파적 현실주의로 구분하는데, '현실과 발언'은 비판적 현실주의로, '두렁'은 민중적 현실주의로 규정한다.[50] 1980년대의 민중미술에는 이 두 갈래의 경향이 모두 존재했지만, 역시 민중미술의 본색을 가장 잘 보여주는 것은 '두렁'의 '민중적 리얼리즘', 즉 한국의 전통적인 감성과 양식에 기반 한 전근대 공동체 예술이라고 할 수 있다.

한국적 모더니즘과 리얼리즘을 넘어서

이제 우리는 민중미술의 정신적 토대에 대해서 이야기해야 한다. 민중미술의 민중은 과연 누구인가. 사실 민중이라는 말 자체가 전근대적인 용어라고 할 수 있다. 민중은 부르주아지와 프롤레타리아라는 근대 자본주의 사회의 계급 개념이라기보다는 모든 피지배계급의 총칭이며 특히 전근대 사회의 피지배계급을 가리키는 말이라고 볼 수 있다. 그러면 왜 민중미술은 민중을 호출하였는가. 그것은 곧 일그러진 한국 근대화를 바로 잡기 위해서였다. 민중운동은 한국의 근대를 민족 주체성이 결여된 실패한 역사로 보며, 그 책임이 기본적으로 지배 엘리트에게 있다고 본다. 조선시대의 사대부계

50 심광현, '80년대 미술운동의 쟁점과 90년대 미술문화의 전망', 미술비평연구회, 『문화변동과 미술비평의 대응』, 시각과언어, 1994. 참조

급이든 식민지 시대의 친일파이든 대한민국의 자본가이든 간에 민중운동은 한국 근대의 실패를 바로 그러한 지배계급의 실패로 보고 그를 바로 잡기 위한 역사적 교정을 피지배계급인 민중에게서 찾고자 한 것이다. 이처럼 민중은 한국 근대화의 일탈을 바로잡기 위해서 호출된 주체였다. 하지만 과연 민중은 한국 근대화의 굴곡을 바로 잡는 진보적 주체가 될 수 있을까. 이와 관련해서는 다시 '두렁' 동인이 초혼(招魂)하는 존재가 무엇인지를 보면 분명해진다. 그것은 한마디로 모든 외래적인 것을 부정하는 전근대적 주체인 것이다. 여기에 민족=전통=선 대(對) 외세=근대=악이라는 마니교적인 선악 이분법이 가로놓여 있음을 물론이다. 민중운동은 한마디로 전근대/반근대운동이었던 것이다.

즉 내부로부터, 아래로부터의 근대성이 결여된 한국의 근대화는 결국 사회문화 영역에 걸쳐 광범위한 전근대성을 존치시켰고 이것이 이른바 1980년대의 '민주화 운동' 시기에 반근대운동으로 나타난 것이다. 나는 기본적으로 민주화운동을 반근대운동으로 본다. 민중미술은 바로 이러한 반근대운동의 가장 중요한 실천 중의 하나였다. 그래서 나는 한국의 근대를 이해하기 위해서는 반드시 정치경제적 근대화(이승만의 건국, 박정희의 산업화)만이 아니라, 사회문화 영역에서의 전근대성, 그리고 그에 기반한 반근대운동이 한국 사회를 어떻게 조성했는지를 볼 것을 주장하는 것이다. 우파들은 좌파들이 문화적 헤게모니를 장악했다고 징징댄다. 하지만 한국 사회의 반근대성은 좌우를 가리지 않는다. 내가 한국인을 모두 좌파라고 하는 것도 그때문이다. 왜냐하면 한국의 좌파는 반근대주의자들이며 모든 한국인은 정신적으로 반근대주의자들이기 때문이다. 그래서 한국인은 모두 좌파다. 심지어 한국 우파의 우상인 박정희조차도 정신적으로는 좌파이며, 실제로 정신적 우파는 한국에 존재하지 않는다고 나는 생각한다.

대한민국의 양대 서사를 '산업화'와 '민주화'라고 할 때, 미술에서 '산업화'에 대응되는 것은 소위 '한국적 모더니즘'이고, '민주화'에 대응되는 것은 '한국적 리얼리즘'이라고 할 수 있는 민중미술이다. '한국적 모더니즘'이 서구 추종의 내용 없는 공허한 형식주의라면 민중미술은 식민지 근대화와 그 대응물인 '한국적 모더니즘'을 비판하고 극복하고자 하는 현실의 담지체로서의 내용주의라고 할 수 있다. 하지만 그러한 '한국적 리얼리즘'으로서의 민중미술은 식민지 근대화를 비판하는 과정에서 전근대적인 삶(민중, 신명, 무속, 농촌공동체 등)을 찬양하는 반근대주의로 빠진다. 그 결과 민중미술은 식민지 근대화와 그 미학적 대응물인 '한국적 모더니즘'을 극복하기는커녕 근대화 자체를 반대하는 반근대주의의 나락으로 굴러 떨어지고 만다. 그 결과 주체적인 미술이고자 한 민중미술이 도리어 비주체적인 전근대미술이 되어버리는 역설이 성립한다.

지금 우리가 물어야 하는 것은 '한국적 모더니즘'의 비현실성을 비판하고 미술의 소통과 적극적인 사회적 역할을 추구한 민중미술이 도달한 현실이 왜 선악이분법에 기반한 세계관과 중세 농촌공동체에 대한 낭만적 이상화일 수밖에 없었는가 하는 점이다. 과연 그것이 결론인가. 한국적 근대화의 모순과 전근대성을 모두 넘어선 현실인식과 미술은 불가능한가. 지금 우리는 이러한 물음이 필요한 시점에 있다. 공허한 모더니즘과 반동적인 리얼리즘을 둘 다 극복한 주체적인 한국 미술은 여전히 미래의 과제가 아닐 수 없다. 새로운 리얼리즘이 필요하다.

3. 아시아 문화 교류의 방향과 접근[51]

아시아라는 문제설정

국립아시아문화전당(이하 ACC)은 아시아 문화 교류를 목표로 설립된 기관이다. 이러한 목표를 실천하기 위해서는 당연히 아시아 문화 교류라는 것을 어떻게 이해하고 접근할 것인가 하는 문제설정(problematique)이 중요하다. 문제설정이란 문제를 어떻게 이해하고 풀어나갈 것인가 하는 관점이다.[52] 그러니까 ACC의 경우 아시아라는 대상과 문화 교류라는 행위를 어떻게 이해하고 접근할 것인가에 대한 관점이 곧 문제설정이 되겠다. 이러한 문제설정이 되어야 실질적이고 효과적인 접근이 가능하다.

먼저 아시아를 어떻게 볼 것인가에 대해서 이야기해보자. 현재

---

51 이 글은 필자가 국립아시아문화전당(ACC)의 활동 방향을 결정할 핵심 테마를 도출하기 위한 테마위원회의 위원으로 참여하면서 제출한 원고로서 국립아시아문화전당의 활동 방향과 비전이 아시아의 근대화 경험에 기반 한 문화 교류가 되어야 한다는 점을 강조했다. 내용의 일부가 다음 문헌에 반영되었다. 연세대학교 산학협력단, 「2018 ACC 아시아 문화 테마위원회 운영 최종 보고서」, 2019.

52 문제설정에 대해서는 이렇게 설명할 수 있다. "이진경이 지은 『철학과 굴뚝 청소부』는 '문제설정'에 대해 다음과 같은 예를 들어 설명하고 있습니다. 좁은 골목길에 잠시 차를 주차했던 차 주인이 돌아와 보니 누군가 일부러 자신의 차 타이어를 펑크 낸 것을 알게 되었습니다. 집 앞에 무단 주차한 차에 화가 난 집 주인이 펑크를 낸 것이지요. 이에 차 주인은 집주인과 대판 싸움을 벌이게 됩니다. 여기서 무단 주차한 차 주인과 펑크를 낸 집 주인 간의 시시비비를 가리는 것에 초점을 맞추게 되면 '법률적 문제'가 되는 것이고, 불법 주차에 대해 화를 참지 못한 집 주인과 그에 대한 차 주인의 심리 상태에 착안하게 되면 '사회심리학적 문제'가 될 것이며, 도시 전체적으로 충분한 주차 공간을 마련하지 못한 것을 이슈로 삼게 되면 '사회경제적 문제'가 됩니다. 이처럼 문제설정은 '드러난 상황과 여기에 깔린 여러 정황들을 종합적으로 따져보고 어떤 것이 문제인가를 정의하는 과정'입니다. 명확한 문제설정이 되지 않으면 문제를 제대로 풀기가 어렵겠지요." https://ideamachine.tistory.com/210

ACC가 대상으로 삼고 있는 아시아는 상식적인 지리 개념에 근거해 있다. 그러다보니 왜, 아시아인가 하는 문제의식이 잘 드러나지 않는다. 그저 그곳이 한국이 속해 있는 지역이고, 세계보다는 작지만 국가보다는 큰 범위라는 정도 이상의 관점을 발견하기가 어렵다. 그러니까 현재 ACC가 대상으로 삼고 있는 아시아는 인접성과 규모 수준에서 다분히 편의적으로 설정된 것으로 보인다.

그러나 문화 교류라는 관점에서 어떤 지역을 대상으로 삼으려면, 그 지역 자체가 단순한 지리적인 차원을 넘어서 하나의 문제설정이 되어야 한다. 이는 지역과 문화 교류라는 개념이 단순결합이 아니라 특정한 관점과 방법의 복합결합이 되어야 한다는 것을 의미한다. 다시 말해서 아시아라는 것 자체가 하나의 대상일 뿐만 아니라, 그 자체로 하나의 방법이 되어야 한다. 그러니까 아시아를 대상으로 삼는다는 것은 왜, 아시아인가에 대한 문제의식을 내포하고 있어야 하며, 이러한 문제의식은 방법을 통해 드러나야 한다는 말이다. 그러므로 이러한 문제의식과 방법이 없는 대상화는 지극히 평면적이고 말 그대로 문제가 되지 못하는 문제에 빠지고 마는 것이다.

그러면 문제의식과 방법은 어떻게 설정될 수 있는가. 예컨대 일본의 중국 연구자인 미조구치 유조(溝口雄三)는 『방법으로서의 중국』에서 "중국을 방법으로, 세계를 목적으로"[53] 하는 연구를 해야 한다고 주장했다. 간단히 말하면 그동안 유럽적인 관점을 통해서

53 미조구치 유조, 서광섭·최정섭 옮김, 『방법으로서의 중국』, 산지니, 2016, 126쪽

중국을 이해하던 것에서 벗어나 중국적인 관점에서 중국을 보아야 한다는 것이다. 여기에서 역시 중요한 것은 중국적인 관점에서 중국을 본다는 것이 무엇인가 하는 점인데, 그것은 이를테면 이런 것이다.

그동안 중국학은 세계를 방법으로 하여 중국을 보려고 했는데, 여기에서 세계란 결국 유럽이며, 그리하여 유럽의 관점에 맞춰 중국을 재단해왔다는 것이다. 하지만 20세기 후반 이후 세계 속으로의 중국의 복귀(미중수교, 개혁개방, 경제성장 등)로 인해 중국의 위상이 달라졌다. 그래서 종래의 '세계를 방법으로, 중국을 목적으로' 하는, 즉 유럽을 기준으로 중국을 보는 관점에서 벗어나, '중국을 방법으로, 세계를 목적으로' 하는, 즉 중국을 기준으로 세계를 보는 관점이 필요하다는 것이다.

물론 이것은 단순히 유럽중심주의로부터 중국중심주의로의 이동이 아니다. 이것은 단일주의로부터 다원주의로의 이행이다. 그동안의 '유럽을 방법으로' 하는 것이 단일주의였다면, '중국을 방법으로' 하는 것은 또 하나의 단일주의가 아니라 새로운 다원주의라는 것이다. 그러니까 '중국을 방법으로' 하는 것은 '유럽을 방법으로' 하는 것을 부정하는 것이 아니라, 오히려 그것도 포함하고 상대화하면서 공존하도록 하는 것이다. 그래서 이제는 '유럽의 방법'과 '중국의 방법'이 상호인성하는 새로운 세계상이 필요해졌다는 것이다.

이는 '다중적 근대성(multiple modernities)'론과도 통하는 이야기이다. '다중적 근대성'론은 근대성이 서양에 고유한 것이 아니라 인류 역사에서 보편적인 것이며, 그런 점에서 유럽 기준의 '단일근대성'론을 부정한다.[54] 미조구치가 '다중적 근대성'을 염두에 두었는지는 모르겠지만, 아무튼 그는 그동안 유럽 기준만이 존재했던 세계에서 중국 기준을 복권시킴으로서 다원적인 세계 기준이 필요함을 역설했던 것이다. 그래서 그는 이것이 일종의 세계의 창조라고 말한다. 물론 그것은 이전의 유럽 일원적인 세계가 아닌 상대적이고 다원적인 세계의 창조를 의미한다. 하나인 세계가 아니라 여럿인 세계이다. 미조구치의 주장은 커다란 반향을 불러 일으켜 중국의 쑨거(孫歌) 같은 학자에게 영향을 미쳤다.

흥미로운 것은 대만의 문화연구자인 천광싱(陳光興)이 미조구치의 문제의식을 이어받아 '방법으로서의 아시아'를 주장한 것이다.

"과거 대부분의 아시아 연구는 아시아 외부 지역에서 이뤄졌다. 지역 연구의 전통이 깊은 유럽과 미국 등의 연구가 대표적인 예이다. 그러나 세계 정세가 변화하고 아시아 경제가 성장함에 따라 새로운 현상이 나타나기 시작했다. '아시아인 스스로에 의한 아시아 연구'와 같은 발상이 폭넓은 관심을 끌게 된 것이다. 이러한 새로운 담론은 아시아의 통합 과정 중에서, 과거 구미 지역에서 아시아에 관한 지식 생산 체계와는 다른 새로운 지식 체계를 아시아 스스로가 필요로 하면서 등장한 것이다. 그것은 아시아의 각 부분에서 필요로 하는 주변국과 전체 아시아에 대한 인식 틀이며, 제국주의

54 슈무엘 아이젠스타트, 임현진 외 옮김, 『다중적 근대성의 탐구: 비교분명석 관점』, 나남, 2009.

의 시각을 빌려 자신과 이웃을 보던 기존의 자기 인식과는 완전히 다른 것이다.[55]

물론 천광싱의 경우에도 미조구치와 마찬가지로 서구를 우회하지 않고 직접 아시아의 관점에서 아시아를 볼 것은 주장한다. 다만 이러한 아시아의 주체성은 미조구치의 경우와 마찬가지로 서구적인 관점을 배제하는 것이 아니라, 그 위에서, 그것도 포함하여 이루어져야 하는 것이다.

서두에 이야기한 것처럼, 적어도 미조구치나 천광싱의 예처럼, 아시아라는 대상은 이러한 종류의 문제의식에 기반 한 설정이어야 한다. 이러한 것이 전제되지 않은 경우 아시아 문화 교류라고 하는 개념은 구체적인 목표와 전략을 갖지 못한 채 평면적인 교류사업에 지나지 않을 것이기 때문이다. 이것이 바로 아시아라는 문제의식이 필요한 이유이다. 아시아 자체가 하나의 문제설정이 되어야 하는 것이다.

문명권으로서의 아시아

아시아라는 문제설정은 결국 아시아를 어떻게 볼 것인가, 아시아를 문제 삼는 이유는 무엇인가 하는 것과 분리될 수 없다. 이 역시 아시아를 단지 지리적 개념이 아니라 어떤 구체적인 의미 단위로

55 천광싱, '세계화와 탈제국: 방법으로서의 아시아', 이정훈·박상수 엮음, 『동아시아, 인식지평과 실천공간』, 아연출판부, 2010, 86쪽

볼 때 가능하다.

통상 지리적 범위를 크게 네 층위로 구분해볼 수 있다. 첫째는 최상위의 지구적 단위인 '글로벌(global)' 층위, 둘째는 몇 개로 나누어진 '권역(regional)' 층위, 셋째는 국경선을 경계로 나누어진 개별 '국가(national)' 층위, 넷째는 국가를 이루는 내부 단위로서의 '지역(local)' 층위이다.

지리적 단위	주체/성격	
지구(global)	제국/ 세계	
권역(regional)	문명권	ACC의 대상 층위
국가(national)	국민국가	
지역(local)	국가 내부	

*지리적 층위와 주체/성격

역사적으로 볼 때 '글로벌'이라고 지칭 되는 단위는 통상 제국(empire)의 영역이었다. 제국은 자신의 국가와 권역을 넘어서 글로벌한 차원에서 영향력을 행사해왔기 때문이다. 그중에서도 고대 중국이나 페르시아가 권역 단위의 제국이었다면 영국이나 미국 같은 근대 제국들은 진정한 의미에서의 글로벌 제국이었다. 이는 오늘날에도 마찬가지인데, 근래의 '세계화(globalization)'라는 것 또한 미국 주도의 세계화를 가리키는 것에 다름 아니다. 물론 '세계화'는 근래의 신자유주의적인 세계화만이 아니라, 16세기의 이른바 '대항해시대'의 개막 이후 서양에 의한 세계화에까지 거슬러 올라 갈 수 있다.

'글로벌' 이하의 영역으로는 위에서 열거한 것처럼 '권역', '국가', '지역'으로 구분되는데, 이렇게 나눌 때, ACC가 대상으로 삼는 아시아는 두 번째 층위인 '권역'에 해당된다. 이는 '글로벌' 이하, '국민국가' 이상의 위상으로 그 특성은 하나의 문명을 공유하는 단위인 문명권(civilization area)이라고 할 수 있다. 이러한 구분으로부터 우리는 아시아를 단지 지리적 단위가 아니라 하나의 문명권으로 볼 수 있음을 알게 된다. 이처럼 아시아를 하나의 문명권으로 볼 때 비로소 구체적인 문화 교류의 전략과 방법이 사고될 수 있는 것이다.

문명과 문화

"사람이 살아가면서 이룩한 가치관 및 그 실현방식 가운데 포괄적인 성격의 상위 개념이 문명이고, 개별적 특성을 지닌 하위 개념이 문화이다. 문명은 여러 민족이나 국가가 공유한다. 문화는 민족이나 국가 또는 집단이나 지역에 따라 특수화되어 있다. 그러면서 문명과 문화는 공존하고 서로 영향을 준다."[56]

원로 국문학자 조동일은 문명(civilization)과 문화(culture)의 차이를 이렇게 설명한다. 문명과 문화에 관한 조동일의 개념은 일반적인 것은 아니지만, 문명과 문화의 차이를 이해하는데 매우 유용하다. 특히 문명과 문화의 상관성을 살피는데 매우 높은 정합성을 제

56 조동일, 『동아시아 문명론』, 지식산업사, 2010, 21~22쪽

공해준다. 그렇게 보면 문명과 문화는 수평적이거나 이질적인 개념이 아니라 수직적이며 상호교섭적인 개념임을 알 수 있다. 무엇보다도 문명은 문화를 포함하기 때문에 다수의 문화를 하나로 묶어서 사고할 수 있는 가능성이 열린다. 이는 문명과 문화를 별개가 아니라 포함적인 관계로 이해할 수 있게 해주는 장점이 있다. 앞 절에서 아시아를 지리적 개념이 아니라 문명권적 개념으로 보아야 한다고 말한 것도 그런 이유이다.

역사와 문명

문명은 역사적 산물이다. 그러므로 문명은 시대에 따라서 달라진다. 문명은 대체로 고대문명, 중세문명, 근대문명으로 나눈다. 고대문명은 가장 이른 시기의 문명으로서 인간이 도시와 국가를 세우고, 문자와 청동기를 사용하는 것 등이 특징이라고 이야기된다. 하지만 조동일은 문명은 중세의 산물이라고 하면서 고대문명의 한계에 대해서 이렇게 지적한다.

"고대문명이라는 것은 어느 곳에서 특별하게 발달한 문화가 대단한 영향력을 가져 장차 중세문명을 만들어내는 원천 노릇을 했다고 인정된다는 이유에서 문명이라고 할 수 있다. 고대에 이룬 것은 아무리 크고 놀라워도, 중세인이 수용하지 않았으면 유적이나 유물로 남아 관광의 대상이나 될 따름이지만, 중세문명은 가시적인 외형보다 내면의 의식이나 가치관에서 더욱 생동하는 기능을 수행하고, 중세가 끝난 뒤에도 지속적인 영향을 끼친다."[57]

이처럼 조동일은 진정한 문명은 중세문명부터라고 하면서 그 기준으로 공동문어(共同文語)와 보편종교를 든다. "문명은 공동문어와 보편종교를 공유하는 광범위한 공동체가 이루어낸 창조물이다."[58] 예컨대 동아시아문명의 공동문어는 한문(漢文)이고, 보편종교는 유교와 불교이다. 덧붙여 조동일은 중국문명이라는 말은 잘못된 것이며, 동아시아문명이라고 말해야 옳다고 한다.

"중국문명이라는 말은 고대문명을 일컬을 때 쓸 수 있지만, 중세문명은 동아시아문명이라고 해야 한다. 국가의 이름을 붙이는 것은 중세문명의 본질에 배치된다. 개념 구분을 분명하게 해서 동아시아문명이 중국문화, 한국문화, 일본문화 등의 각국 문화와 공존하고 있다고 하는 것이 마땅하다."[59]

이는 앞 절의 서두에서 인용한 그의 문명에 대한 정의에 따르면 당연한 것이다. 그래서 한국문화에 대한 이해도 이렇게 되어야 한다.

---

57 조동일, 『동아시아 문명론』, 22쪽

58 조동일, 『국사 교과서 논란 넘어서기』, 지식산업사, 2015, 49쪽

59 조동일, 『동아시아 문명론』, 23쪽

"한국은 중국에서 유교와 불교, 한문을 받아들였다. '이것은 민족 주체성 훼손이 아닌가?' 안에서는 이런 의문이 제기된다. '한국은 중국의 복제·축소품이니, 특별히 보고 평가할 것이 있는가?' 밖에서는 이런 의문을 제기한다.

이런 의문에 대해 한국문화의 자랑을 늘어놓으면서 대답하는 것은 어리석다. 문화에서 문명으로 논의의 수준을 높여야 한다...

중국에서 유교와 불교, 한문을 받아들여 한국은 동아시아문명에 참여했다. 유교와 불교, 한문이 중국 안에 머무르고 있을 때에는 동아시아문명이 없었다. 한국이 최초로 받아들이자 그것들이 중국의 범위를 넘어선 공유재산이 되어 동아시아문명이 이루어졌다."[60]

그러니까 동아시아문명은 중국 혼자의 것이 아니라 한국과 일본 등이 참여하면서 만들어진 것이다. 그래서 동아시아문명은 동아시아 각국의 공동의 것이다. 반대로 문화는 문명의 하위개념으로서 중국문화, 한국문화라고는 말할 수 있지만, 중국문명, 한국문명이라고는 말할 수 없다는 것이다. 조동일은 이를 공유재산과 사유재산이라는 비유를 들어 설명한다.

"문명권에서 차지하는 위치에서 중국은 중심부이고, 일본은 주변부이고, 한국과 월남은 중간부이다. 중심부는 공유재산이 많고 사유재산이 적으며, 주변부는 공유재산이 적으며 사유재산이 많다.

60 조동일, 『국사 교과서 논란 넘어서기』, 48쪽

중간부는 공유재산과 사유재산이 균등한 비중을 가졌다. 이런 차이점이 오늘날 더 크게 확대되어 나타난다.

일본이 사유재산의 가치를 주장하고, 중국이 공유재산에 대해 독점권을 주장하면서 자부심을 키우고자 한 것은 그 나름대로 적절하다고 할 수 있다. 그러나 그때문에 공유재산의 의의가 무시되고, 공유재산과 사유재산의 관계에 대한 인식이 혼란스러워졌다. 이런 잘못을 둘 다 바로잡는 길을 월남이 제시했다. 동아시아 공유재산에서 방어력을 찾은 것이 그 가치를 높이는 적절한 선택이었다. 한국은 방향을 정하지 못하고 방황을 겪었다."[61]

이상은 문명과 문화의 관계, 문명권 내에서의 중심부와 중간부와 주변부, 그들 간의 공유재산과 사유재산의 비중에 대한 설명이다.

조동일은 동아시아문명이 4대 중세문명의 하나라고 말한다. 그가 말하는 중세문명의 분류는 다음과 같다.(분류 기준은 당연히 공동문어와 보편종교이다.)

문명권	공동문어	보편종교
동아시아	한문	유교·불교
남·동남아시아	산스크리트어	힌두교·불교
서아시아·북아프리기	아랍어	이슬람교
유럽	라틴어	기독교

*중세 4대 문명권

61 조동일, 『동아시아 문명론』, 56쪽

이렇게 보면 오늘날 우리가 말하는 아시아는 중세 기준으로 1) 동아시아문명권, 2) 남·동남아시아문명권, 3) 서아시아·북아프리카문명권에서 북아프리카를 제외한 서아시아를 포괄하는 광대한 지역을 가리킨다. 따라서 오늘날 아시아는 거의 세 개의 중세 문명권을 통합한 확대 문명권이라고 보아야 한다. 이 확대 문명권에 대한 설명은 아래에서 이어진다.

아시아의 공통 경험으로서의 근대화

앞서 언급한 확대 문명권으로서의 아시아의 공통점은 한 마디로 말하면 '근대화의 경험'이다. 중세까지만 해도 서로 다른 문명권에 속했던, 따라서 서로 다른 공동문어와 보편종교를 가지고 있던, 이질적인 이 세 문명권을 오늘날 어떤 의미에서든 하나로 묶을 수 있는 유일한 공통점은 '근대화의 경험' 말고는 찾을 수 없다. 문화 교류라고 하는 것을 다른 말로 하면 '문화 커뮤니케이션(cultural communication)'이고 여기에서 커뮤니케이션이라는 것이 '공통의 의미(sensus communis)'를 갖는 것을 가리킨다면, 문화 교류란 결국 '공통의 의미'를 추구하는 것일 수밖에 없는데, 이 때 그 출발점 내지는 기반이 되는 것은 역시 '공통의 경험'이기 때문이다. 그리고 그 공통의 경험은 아시아의 경우 '근대화(modernization)', 정확하게 말하면 '서구적 근대화'인 것이다.

물론 이 근대화에 대해서는 여러 가지 해석이 있다. 근대화에 대해서는 정말 많은 이론이 있는데, 대표적으로 '전통적 근대화', '식민지적 근대화', '혼종적 근대화'에 대한 이론이 있다.

첫째, '전통적인 근대화'. 보통은 그냥 '근대화(modernization)'라고도 한다. 이는 서구의 근대가 시간이 지나면서 점차 비서구 지역으로 전파되고 결국에는 비서구 지역도 근대화가 된다고 보는 관점이다. 이런 관점에 따를 경우 서구와 비서구의 차이는 오로지 시간 차일 뿐이다. 이는 전형적인 서구 중심의 근대화론으로서 많은 비판을 받아왔지만, 여전히 비서구 지역에서 강력한 영향력을 행사하고 있다. 근대화를 서구에 대한 '따라잡기(catch-up)'로 이해하는 것이 바로 그런 것이다.

둘째, '식민지적 근대화(colonial modernization)'. 식민지적 근대화는 서구의 근대와 비서구의 근대는 출발부터 다르다고 전제한다. 그러니까 서구의 근대는 자생적인 근대화이지만, 비서구의 근대는 서구의 식민지 경험을 통한 근대화이기 때문에, 그 둘은 결코 같을 수가 없다고 본다. 그러므로 식민지적 근대화의 관점에서 보면 아무리 시간이 지나도 서구와 비서구의 간격은 좁혀지지 않는다. 1970년대 남미에서 유행한 '종속이론(dependancy theory)'이 기본적으로 식민지적 근대화의 관점에 기반 한 이론이다.

셋째, '혼종적 근대화(hybrid modernization)'. '혼종적 근대화'는 말 그대로 비서구의 근대가 비서구의 전통과 서구의 근대의 혼종이라고 본다. 이러한 관점에 따르면 비서구적 근대는 '전통적인 근대화'도 아니지만 단순한 '식민지적 근대화'도 아니다. 그러니까 혼종적 근대화론은 서구 근대의 일방성을 제한하고 비서구의 주체성을 어느 정도 긍정한다. 다만 그 정도는 지역에 따라 달라질 터인데, 아무튼 중요한 것은 혼종적 근대화론이 비서구의 근대화를 서구적 근대화와의 절충과정으로 본다는 것이다. 이러한 관점이 보다 현실적이지 않을까 생각한다.

근대화 이론에는 이외에도 '다중적 근대성' 또는 '중층근대성'에 대한 논의가 있지만 자세한 설명은 생략한다.[62] 어떤 관점으로 보던 간에 중요한 것은, 오늘날 우리가 아시아라고 부르는 지역을 단순 지리적 범위를 넘어서 어떤 특질적 측면에서 파악하고자 할 때 주목할 것이 '근대화의 경험'이라는 사실이다. 그러므로 아시아의 문화 교류에 대한 전략과 방법은 이러한 사실로부터 출발해야 한다.

근대화와 문화 변용

1) 문화 혼종성의 문제

근대화는 아시아의 문화를 크게 변화시켰다. 앞서 제시했듯이, 근대 이전의 아시아는 크게 세 개의 문명권으로 나뉘어 있었다. 근대 이전의 아시아는 지역에 따라 언어와 종교가 매우 이질적이었다. 그러다가 근대화를 겪으면서 다소간 공통된 경험을 하게 되고, 그리하여 오늘날 비록 느슨하게나마 아시아라고 부를 수 있는 확대 문명권을 형성하게 되었다고 말했다. 따라서 중요한 것은 근대화

62 슈무엘 아이젠스타트 참조

과정에서의 '문화의 변용(cultural transformation)'을 어떻게 이해할 것인가이다.

근대화 과정에서의 문화 변용에 대한 기존의 관점을 대표하는 것은 '전통의 단절'과 '외래문화의 이식'일 것이다. 물론 근대화는 기존의 전통을 단절시키고 외래문화를 새롭게 이식하였다. 하지만 이것으로 끝인가. 근대의 아시아에는 어떠한 전통의 연속도 발견할 수 없고, 완전히 새로운 외래의 것들만으로 채워져 있는가. 그렇게 말할 수는 없다. 결국 근대화 과정에서의 문화 변용에 대한 이해도 '혼종성(hybridity)'에 대한 인식을 빼고 이루어질 수 없기 때문이다. 그 내용이 무엇이던 간에 근대화가 결과한 것은 문화의 혼종성일 수밖에 없다. 근대화 과정에서의 문화 변용을 설명하는 열쇠말을 '혼종성'으로 잡는 것은 너무나도 당연해 보인다. 그런 점에서 근대화 이론 중에서도 '혼종적 근대화'론을 특히 주목할 필요가 있다.

문화의 혼종성에 대해서는 최봉영의 관점이 흥미롭다. 그는 생물학적인 종(種) 개념을 끌어와 문화에 대입한다. 그는 문화를 생물종처럼 순종, 별종, 잡종으로 구분하고, 이러한 종의 교배와 교체를 통해서 문화 과정을 설명한다.

"인간은 일반적으로 유전자 차이가 적은 부모가 교배하여 생겨난 자녀 세대를 순종이라고 부르고, 유전자 차이가 큰 부모가 교배하여 생겨난 자녀 세대를 잡종이라고 부른다. 그리고 순종이나 잡종 가운데 특이한 성질을 갖는 것을 별종이라고 부른다. 이런 관계로 순종, 별종, 변종, 잡종 등의 구분은 유전자 차이에 따른 상대적인 구분이다. 따라서 인간이 순종, 별종, 잡종을 구분하는 경계는 대단히 모호하다."[63]

이런 식이다. 그런데 중요한 것은 문화도 마치 생물 종처럼 번식과 교배의 과정을 거치면서 변화하는데, 그런 가운데에 펼쳐지는 형질의 변화일 것이다. 여기에서 주목할 것은 잡종성(혼종성)에 대한 가치이다.

"잡종은 순종화의 과정을 거치면 하나의 새로운 종으로 성립하게 된다. 이런 까닭에 자연 상태로 존재하는 종의 변화에서 가장 중요한 것은 잡종화의 과정을 통해서 나타나는 새로운 종의 탄생이다."[64]

최봉영은 잡종(혼종)을 종의 변화 과정 속에서 파악하면서 잡종이 순종화되면서 하나의 새로운 종으로 탄생하게 된다는 점에 주목한다. 결국 잡종을 높게 평가하는 것이다. 이를 문화에 대입하면 역시 문화의 혼종성을 적극적으로 평가할 수 있는 관점을 얻게 된다. 하지만 그동안 한국 문화는 순종을 높이 평가하고 잡종을 낮게 평가해왔다. 물론 거기에 대해서는 이렇게 설명할 수 있다.

---

63 최봉영, 『본과 보기 문화 이론』, 지식산업사, 2002, 125쪽

64 최봉영, 126쪽

"인종과 문화에 대한 정체성은 집단의 생존 전략과 밀접히 연관되어 있다. 따라서 인간은 정체성을 설정하는 중요한 기준이 되는 순종과 잡종의 구분에 많은 관심을 갖게 된다. 그들은 필요에 따라 순종화와 잡종화의 방향과 내용을 설정하여 문화를 전체적으로 계획하고 실현하게 된다. 하지만 안팎의 원인들 때문에 순종화와 잡종화의 방향과 내용에 불일치가 발생하여 갈등과 혼란이 빚어지는 일이 많다. 특히 외부세력에 따라 인종, 종교, 언어 등이 강제적 방식으로 잡종화가 추진되는 경우에는 심각한 갈등과 혼란을 일으킨다. 이런 경우에 사람들은 민족, 종교, 언어 등에 기초한 순수성에 근거하여 외부 세력에 적극 저항하게 된다."[65]

그리고 순종과 잡종의 관계를 역동적으로 파악한다고 하더라도, 문화라는 것이 기본적으로 축적에 의해 힘을 가지며, 거기에는 문화의 계승이 기본이 된다는 사실을 부정할 수는 없다.

"인간의 문화는 수십만 년 동안 세대와 세대를 이어서 전해진 거대한 축적물이다. 이러한 문화는 전승의 과정을 거치면서 계속 변화하게 된다. 따라서 문화의 전승은 계승과 변화의 과정이 복합적으로 작용해서 이루어진다. 그런데 문화의 전승에서 중심이 되는 것은 변화보다는 계승이라고 할 수 있다. 문화가 계승이라는 기초에 근거하여 변화할 때 전승이 확실하게 이루어질 수 있다. 만약 계

65 최봉영, 124쪽

승이라는 기초가 튼튼하지 못한 상태에서 변화가 이루어지면 문화의 단절이나 붕괴를 불러올 수도 있다. 고려시대 청자의 예에서 볼 수 있듯이 도자기에 대한 지배층의 취향이 변화하는 과정에서 기술의 계승이 이루어지지 못하여 화려한 청자문화가 단절되고 말았다. 또한 아메리카 인디언의 예에서 볼 수 있듯이, 외부세력이 일으킨 급격한 문화변동은 문화의 계승을 불가능하게 만들어 문명의 소멸을 불러오게 되었다."[66]

최봉영의 지적처럼 한국 전통문화의 변화는 계승에 기초한 변화라기보다는 단절에 의한 문명의 소멸에 가깝다고 할 수 있다. 하지만 거시적으로 보면 그러한 문명의 소멸은 또 다른 문명의 탄생을 예고하는 것일 수도 있다. 따라서 이러한 상황에서 중요한 것은 근대화로 인한 변화를 하나의 문화 접변(cultural articulation)으로서 적극적으로 해석하고, 그로부터 어떤 가능성을 찾아내는 것이다. 그런데 그동안은 변화를 적극 수용하고 해석해내기보다는 변화에 대해 저항하는 것을 주체적이라고 생각한 경향이 없지 않다. 그것은 곧 전통에 대한 역설적인 강조를 통해서였다.

2) 전통과 문화

근대화로 인한 문화적 변용을 이해하는데 중요한 개념의 하나는 '전통(tradition)'이다. 달리 말해서 전통은 근대를 이해하는데 빠트

66 최봉영, 129쪽

릴 수 없는 핵심적인 개념인 것이다. 전통에 대한 개념은 여러 가지가 있으나, 이중에서 가장 주목할 만한 것은 '전통은 근대의 산물'이라는 것이다. 전통이라고 하면 보통 과거와 연결 짓는 것이 일반적이지만, 전통은 사실 과거 자체가 아니라 근대에 의미를 갖게 된 과거, 근대가 발견한 과거, 근대가 승인한 과거라고 하는 편이 정확할 것이다. 그러니까 우리가 전통이라고 부르는 것은 과거의 사실 자체가 아니라 근대에 의해 만들어진, 변용된 과거라는 점이다.

전통이 근대에 만들어졌다는 것은 그것이 역사적 근거를 가지고 있지 않다는 이야기가 아니다.(나중에 이야기하겠지만, 역사적 근거가 없이 만들어진 전통도 없지 않다.) 대부분의 전통은 과거에 근거를 두고 있다. 그러니까 전통의 재료는 과거의 것이다. 다만 그러한 과거의 재료를 가지고 지금 여기의 문화적 산물로 만들어낸 것이다.(사물놀이가 그 좋은 예이다) 그러므로 전통이란 과거의 재료를 가지고 만들어낸 현재의 생산물이라고 보는 것이 정확하다. 그러면 왜 그렇게 하는가. 그것은 현재를 정당화하기 위해서이다. 인간 세상에서 현재를 정당화하는 방법은 여러 가지가 있는데, 그중에 가장 오래된 방법의 하나가 역사적 뿌리를 강조하는 것이다. 그러니까 전통은 현재에의 정당성 부여라는 필요에 의해 과거로부터 호출 또는 소환하여 일정하게 가공된 근대의 문화적 생산물이라고 정의할 수 있다. '전통은 근대의 산물'이라는 것은 바로 이런 의미에서이다.

전통에 대한 이론 중에서 가장 잘 알려진 것은 '선별적 전통(selective tradition)'과 '전통의 발명(invention of tradition)'이다. '선별적 전통'은 영국의 문화이론가인 레이먼드 윌리엄스의 개념으로서, 오늘날 우리가 전통이라고 부르는 것은 과거의 사실들 중에서 선별된 일부에 지나지 않는다는 것이다. 이는 한국의 '국가유산기본법'에서 지정하고 있는 문화재가 과거의 문화재들 중에서 선택된 일부라는 것만 보더라도 자명한 사실이다. '전통의 발명'은 영국의 역사학자인 에릭 홉스봄의 이론인데, 홉스봄은 아예 전통이라는 것 자체가 현재의 필요에 의해서 발명된다고 주장한다. 홉스봄은 영국 왕실의 의전(儀典) 등을 예로 들고 있는데, 이 역시 오늘날 우리가 전통이라고 부르는 것들의 실상을 조금만 들여다보면 무수하게 발견할 수 있는 사실이다.

아무튼 중요한 것은, 그것이 선별된 것이든 만들어진 것이든 간에 전통은 엄연히 근대문화의 일부로서 오늘날 우리의 정체성에 커다란 부분을 차지하고 있다는 사실이다. 다만 여기에서도 중요한 것은 전통의 정당화 기능이다. 전통이라는 것이 현재를 정당화하기 위해서 끌어오고 편집된 과거의 사실들이고, 거기에서 현재 집단과 종족의 정체성을 찾다보니 발생하는 '과잉'이 문제인 것이다. 즉 '과잉 정당화'가 문제인 것이다. 그리하여 '순수한 전통'이라는 왜곡과 집착이 발생한다. 많은 학자들의 전통에 대한 비판적 견해에도 불구하고 '순수한 전통'에의 집착은 근대화 과정에서 경험한 '혼종적 정체성'을 직시하거나 적극적으로 평가하지 못하도록 만드는 장애로 작용한다.

한국인들이 근대화와 관련하여 가장 많이 지적하는 것이 이른바 '전통의 단절'이며, 그에 대한 반작용으로 '전통의 계승'이 강조된다. 하지만 정작 전통이 무엇인가에 대한 근본적이고 비판적인 문제의식은 부족해 보인다. 이는 결국 전통에 대한 고정된 관념과 국수주의적 태도를 초래한다. 한국의 경우에는 현재를 정당화하는 것으로서의 전통의 기능이 지나치게 강조되어서 너무 이 부분에만 매몰되어 있다는 느낌이 강하다. 이렇게 되면 전통은 창조적 기능을 상실하게 되고 문화 발전의 걸림돌이 된다. 중요한 것은 전통도 현대문화의 일부로서 창조적 기능을 할 수 있도록 하는 것이다. 그것은 전통의 '혼종성'을 인정하고 활용하는 데서 찾아야 할 것이다. 새로운 전통을 찾고 만들어가는 것이 필요하다. 앞서 언급한 것처럼 전통은 고정된 것도, 과거의 사실 자체도 아니고 선별되고 만들어지는 것이기 때문이다. 그런 점에서 고정된 전통관이나 전통에 대한 국수주의적인 태도는 극복 지양되어야 한다.

문화 교류의 방향과 접근

아시아 문화 교류의 방향과 접근은 아시아와 문화 교류에 대한 문제설정이 선행되어야 한다는 것을 서두에서 언급하였다. 따라서 이제까지의 논의에 기반 하여 ACC가 추구해야 할 문화 교류의 방향을 삽아보면 다음과 같다.

첫째, 권역(문명권) 층위를 대상으로 해야 한다.

둘째, 민족주의적, 자민족중심주의적 태도를 벗어나야 한다.

셋째, 근대화 과정에서의 공통경험(혼종성)을 주된 내용으로 삼아야 한다.

첫째에 대해서는 앞에서 충분히 설명했는데, 아시아라는 것을 단순한 지리적 개념을 벗어나서 문명론 단위의 권역으로 보고 접근해야 한다는 주장이다.

둘째는 민족주의(nationalism)와 자민족중심주의(ethnocentrism)를 벗어날 때만이 수평적이고 개방적인 교류가 가능하다는 것이다. 근대화 과정에서 제국주의의 지배라는 공통된 경험을 가진 아시아 국가들은 대체로 민족주의적이고 자민족중심주의적인 태도를 가지고 있기 때문에, 이들과 문화 교류를 하기 위해서는 우리 스스로가 먼저 그러한 태도를 버리고 개방적인 자세로 다가갈 필요가 있다.

셋째로는 자연스레 근대화 과정에서의 공통된 경험이 문화 교류의 내용이 되어야 한다는 것이다. 근대화 이전의 고유문화도 나름대로 소중하고 의미가 있지만 이것은 어느 나라든지 강한 자민족중심주의의 자장 안에 묶여 있기 때문에, 서로 자기 문화를 내세우고 자랑하는 차원이라면 몰라도, 수평적인 문화 교류에서 중심이 되기는 어렵다고 본다. 그리고 고유문화는 기본적으로 자국의 문화유산과 박물관이라는 장치를 기반으로 작동되는 것인 만큼 ACC와 같은 현대적이고 활동적인 문화기관이 내용으로 삼기에는 적절치 않다.

아시아 국가들은 근대화 과정에서 대체로 이런 경험을 하였다.

① 식민지 근대화(colonial modernization)
② 탈식민지화(post-colonization)
③ 국민국가 건설(nation state building)
④ 산업화(industrialization)

이러한 과정에서 아시아 국가들이 형성한 문화는 기존에 속해 있던 중세문명과 새롭게 경험한 근대문명의 혼합일 수밖에 없다. 그러므로 오늘날 아시아의 문화 커뮤니케이션은 근대화의 경험이 중심이 될 수밖에 없는 것이다. 과거 중세문명 단계에서 아시아의 문화는 상호 이질적이어서 단순히 과거의 고유문화를 비교하는 식이 아니라면 그 자체로 교류하기는 쉽지 않다. 오늘날 아시아 지역이 수평적으로 공유할 수 있는 것은 결국 근대화를 겪으면서 얻은 어떤 '혼종성'의 문화일 수밖에 없는 것이다. 그리고 이러한 혼종성에 대해 성찰과 새로운 해석이 필요한 것이 현재의 상황이고 아시아의 미래 과제이기도 하다. 이제는 식민지 근대화 과정에서의 방어적 민족주의를 넘어서 개방적이고 상호적인 문화를 형성해나가야 한다. 뒤로 돌아갈 수는 없다.

그것은 '하드 아시아'로부터 '소프트 아시아'로의 이행이기도 하다.

"...보다 평화롭고 호혜적인 역사를 열어가기 위해서 동아시아에 필요한 것은 '소프트 아시아'의 이념이다. 이제까지의 불과 철과 콘크리트의 아시아를 넘어서, '하드 아시아'로부터 '소프트 아시아'를 찾아가기 위한 과정에 중심이 되어야 하는 것은 당연히 문화이다. 그런데 문화라 하더라도 우리가 과거로부터 불러오거나 아니면 새롭게 생성시켜가야 할 지평과 맥락이 무엇인가 하는 것은 결코 간단하지 않은 문제이다. 그것은 앞서 여러 번 지적했듯이 동아시아 각국이 기억하고 전승해오고 있는 문화의 내용이 동일하지 않을 뿐더러 그것들이 근대화 과정에서 심하게 변질되었기 때문이다."[67]

이런 점에서라도 문화 교류의 방향은 과거의 고유문화보다는 변형되면서도 새롭게 형성된 근대문화여야 하는 것이다. 근대 이전의 '원형 전통(proto-tradition)'이 아니라 근대화 과정에서 형성된 '새로운 전통(new tradition)' 말이다. 그러기 위해서는 역시 이러한 시각이 필요하다.

"요컨대 소외되고 망각된 과거의 기억들을 다채롭게 불러내고, 하나의 근대적인 동일성의 차원이 아니라 다성적(多聲的)이면서도 중층적인 정체성에 대한 탐색 작업의 가능성을 모색해야 한다. 과거의 기억은 동질적인 하나의 실체가 아니라, 매우 중층적이면서도 분열적이고 유동적인, 들뢰즈식으로 말하면 뿌리줄기(rhizome)와 같

---

67 최 범, '전환기 동아시아 문화와 니사인의 과제', 『한국 디자인 신화를 넘어서』, 안그라픽스, 2013, 168쪽

은 것이기 때문이다. 다양성과 이질성과 차이를 배제한다면, 전통은 근대의 억압기제의 하나에 지나지 않게 될 것이다."[68]

이는 문화의 혼종성에 대한 적극적인 해석의 필요성을 강조하는 것이다. 다시 최봉영의 목소리를 빌리면 이렇게 말할 수 있다.

"잡종 지향적 태도를 지닌 사람들은 삶의 모든 과정에서 이루어지는 판단과 선택을 중요하게 생각한다. 그들은 절충과 타협을 당연한 것으로 받아들이기 때문에 순수한 것과 불순한 것을 이분법적으로 구분하는 것을 싫어한다. 또 인간에 의한 진보의 가능성을 믿고 새로운 변화를 불러올 수 있는 다양한 시도를 가치 있게 생각하고, 잡종화의 과정을 거친 신종의 탄생에 큰 기대를 갖고 있다. 잡종화의 과정에 뒤따르는 일정한 혼란과 무질서를 당연한 것으로 받아들인다. 이 사람들은 문제를 해결할 수 있는 유용성에 가치를 두는 실용주의적 성격을 지니게 된다. 이런 점에서 잡종 지향적 태도는 상대주의적이고 다원주의적이다. 이러한 태도는 다양한 것들이 상대적 가치를 지니며 공존할 수 있는 다원화를 지향하게 된다. 이것을 위해 획일적인 단일화에 저항하는 동시에 산만한 개별화에 저항하며, 개인의 요구를 중시하면서도 전체적 조화를 중시하는 다원화된 문화를 지향한다. 따라서 잡종 지향적 태도는 세계주의, 상대주의와 같은 입장을 선호하게 된다. 그러나 그들은 다원화를 추구

68 진경환, '전통과 담론', 임형택 외, 『전통, 근대가 만들어낸 또 하나의 권력』, 인물과사상사, 2010, 165쪽

하는 과정에 구심점이 모호해지면서 산만한 모습을 보일 때가 많다."[69]

귀 기울여야 할 목소리가 아닌가 싶다.

문화 발신자로서의 한국

이제까지의 논의를 종합하여 문화 발신자로서의 한국의 위상과 역할을 정의해볼 차례이다. 이 역시 이렇게 요약해볼 수 있다.

첫째, 근대화 과정에서 변용되고 재창조된 한국 문화를 발신한다.

둘째, 근대화라는 아시아의 공통경험 위에서 동일성과 차이의 발견을 목표로 한다.

셋째, 이러한 문화 발신 과정을 한국 문화에 대한 스스로의 재해석과 창조의 계기로 삼는다.

첫째는 근대화 과정에서의 문화 변용을 '전통의 단절'이나 '왜곡', 외래문화의 이식이라는 식으로 부정적으로만 보지 말고, 거기에서 새롭고 창조적인 계기를 발견하고 추출하여 이를 한국 문화 발신의 콘텐츠로 삼는 것이다.

69 최봉영, 133~134쪽

둘째는, 그럼으로써 한국과 아시아 다른 지역 간의 경험의 동일성과 차이를 발견하고 이러한 것들 속에서 문화적 호기심과 참조의 예를 찾아내어 문화 커뮤니케이션을 활성화하는 것이다.

셋째는 위대한 전통문화만이 발신할 가치가 있다는 관념에서 벗어나 한국문화 스스로에 대한 비판적 재해석에 기반 한 새로운 문화 창조의 가능성을 모색하는 것이다.

이로써 한국이 아시아를 향해 발신해야 할 문화적 내용은 근대화 과정에서 새롭게 획득한 형질로서의 '혼종성'이며 그것이 가진 창조적 잠재력이 되어야 할 것이다. 이러한 혼종성 속에서 새로운 내용을 길어내지 못한다면 전통문화란 고인 물처럼 썩어버릴 것이다.

참고문헌

.김상준, 『유교의 정치적 무의식』, 글항아리, 2014.

.미조구치 유조, 서광덕·최장섭 옮김, 『방법으로서의 중국』, 산지니, 2016.

.슈무엘 아이젠스타트, 임현진 외 옮김, 『다중적 근대성의 탐구: 비교문명적 관점』, 나남, 2009.

,역사문제연구소 편, 『한국의 '근대'와 '근대성' 비판』, 역사비평사, 1996.

.에릭 홉스봄 외, 박지향·장문석 옮김, 『만들어진 전통』, 휴머니스트, 2004.

.임형택 외, 『전통, 근대가 만들어낸 또 하나의 권력』, 인물과사상사, 2010.

.장은주, 『유교적 근대성의 미래』, 한국학술정보, 2014.

.조동일, 『동아시아 문명론』, 지식산업사, 2010.

.조동일, 『국사 교과서 논란 넘어서기』, 지식산업사, 2015.

.최 범, 「방법으로서의 모던, 목적으로서의 동아시아」, <월간 디자인>, 2018년 6월호

.최 범, '전환기 동아시아 문화와 디자인의 과제', 최 범, 『한국 디자인 신화를 넘어서』, 안그라픽스, 2013.

.최봉영, 『본과 보기 문화이론』, 지식산업사, 2002.

.천광싱, '세계화와 탈제국: 방법으로서의 아시아', 이정훈·박상수 엮음, 『동아시아, 인식지평과 실천공간』, 아연출판부, 2010.

.하이브리드컬처연구소, 『하이브리드 컬처』, 커뮤니케이션북스, 2008.

.홍성욱, 『하이브리드 세상 읽기』, 안그라픽스, 2003.

결론

결론

근대적 주체를 향한 여정

지난 150년 동안 한국은 조선 멸망과 일제 식민지도 겪었지만, 대한민국을 세우고 산업화도 이루었다. 이것이 정치경제적 근대화이다. 하지만 사회와 문화는 여전히 조선시대 그대로이다. 이것이 사회문화적 전근대화이다. 이러한 정치경제적 근대화와 사회문화적 전근대화의 이종교배를 나는 문명모순이라고 부른다. 이것이 1차 근대화의 실상이고 성적표이다.

그런데 뒤늦었지만 지금이라도 원론적인 물음을 던져보자. 한국은 근대화되어야 하는가. 아니, 근대화될 수 있는가. 우리는 이미 근대라는 열차에 올라타서 열심히 달리고 있다. 하지만 그래도 이런 물음을 던져볼 수 없는 것은 아니다. 만에 하나 근대화가 잘못된 길이라면 지금이라도 되돌아가야 하기 때문이다. 북한이나 이란은 이미 근대화의 경로를 이탈하여 중세로 돌아갔다. 혹시 우리도 그래야 하는 것일까.

사실 문명의 주변부인 우리는 문제를 내는 출제자가 아니라 주어진 문제를 풀어야 하는 수험생의 입장이다. 근대는 우리에게 주어진 문제이다. 인내심을 가지고 이 문제를 풀어야 할까, 아니면 시험장을 박차고 나가야 할까. 아놀드 토인비는 역사를 문명의 도전(challenge)과 응전(response)의 과정이라고 말했는데, 지금 우리는 근대라는 문명의 도전에 열심히 응전하고 있는 것이다. 그런데 우리는 근대문명의 도전에 잘 응전하고 있는 것일까. 이런 목소리는 어떨까.

"지난날의 한국 근대사는 세계사적 수준에서의 근대성의 원리와 복합적 구조에서 볼 때 그 적극적·문명적 차원은 극소화되고 그 부정적·반문명적 차원만이 일방적으로 극대화·전면화되어 온 역사였다고 해도 과언이 아니다."[70]

이 글의 필자는 이 인용문의 각주에서 이런 말을 덧붙이고 있다. "이러한 이해는 생소하게 보일지 모른다. 그러나 제국주의 지배하에서 식민지 종속의 길을 걸어온 나라들의 역사를 적어도 근대성의 원리 차원에서 이해하려고 할 때는 그것을 근대성의 부정적·반문명적 차원이 극대화된 형태로 보는 방법 밖에 없는 것으로 보인다."

윗글의 필자인 이병천은 한국 근대성의 반문명적 차원이 모두 제국주의 지배 때문이라고 본다. 한마디로 민족 자주가 아니면 모두 잘못된 것이라는 것이다. 그런데 식민지하에서 근대성이 일부나마 이식된 것은 사실이며 거기에는 침략만이 아니라 해방의 계기가 있었음도 부정할 수 없다. 아무튼 신분에서 해방된 것이나 여성의 권리가 신장된 것은 식민지하에서이기 때문이다. 물론 한국의 근대는 정치경제적 차원에 한할 뿐 사회문화적 차원이 결핍되어 있다는

70 이병천, '세계사적 근대와 한국의 근대', 김성기 엮음, 『모더니티란 무엇인가』, 민음사, 1994, 322쪽

것이 나의 주장이다. 하지만 그 정치경제적 근대성조차도 일정하게 사회문화적 근대성의 계기를 제공한다. 마찬가지로 주체가 결여된 정치경제적 근대성이 결핍된 근대성인 것 또한 부정할 수 없는 사실이다. 이 간극을 어떻게 메울 수 있을 것인가.

이제 우리는 이러한 물음을 다시 던져볼 수 있다. 비서구국가 중에서 제대로 근대화가 된 나라가 있는가. 내가 보기에 비서구국가 중에서 정치, 경제, 사회, 문화 전 영역에 걸쳐서 근대화된 나라는 하나도 없다. 일본을 어떻게 평가해야 할지는 잘 모르겠는데, 비서구 국가 중에서 유일하게 주체적 근대화를 이룬 나라이기 때문에 일본을 다른 비서구 국가와 같이 볼 수는 없을 것 같다. 하지만 일본 역시 오랜 집단주의 전통을 가진 국가이기 때문에 서구 근대국가와 같으리라고 생각하기도 어렵다. 아무튼 일본이 어떤지는 잘 모르겠지만 일본을 제외하면 비서구 국가 중에서 서구 근대처럼 사회 전 영역에 걸쳐서 고른 근대화를 이룬 나라는 내 눈에는 하나도 없어 보인다. 그런데 한국이 그럴 수 있을까. 낙관하기는 쉽지 않다.

결국 비서구 국가는 둘 중 하나이다. 정치경제적 영역에서마나 근대화를 이룬 국가와 그마저도 이루지 못한 국가. 한국은 이 중에서 정치경제적 근대화를 이룬 국가이고 그중에서 최고 수준에 도달한 나라이다. 하지만 거기까지. 한국 역시 사회문화적 근대화는 이루지 못했다. 여전히 집단주의 문화가 지배하고 근대적 개인은 형성되지 못하고 있기 때문이다. 이렇게 보면 대부분의 비서구 국가는 한국과 마찬가지로 정치경제적 근대화(민주주의와 자본주의)와 사회문화적 전근대화(집단주의와 비합리주의) 사이에서 모순과 혼란을 겪고 있다고 보아야 한다.

이런 상태는 다시 두 가지 결정을 낳는다. 근대와 전근대의 문명모순이 장기화되거나 아니면 그러한 긴장을 견디지 못하고 다시 전근대로 돌아가는 것이다. 북한과 이란이 그렇다. 이들 국가는 중세 원리주의 신정국가로 복귀했다. 근대화에의 압력을 견디지 못했기 때문이다. 이리되면 적어도 현실과 원리 사이의 긴장이 사라지고 현실과 원리가 일치하기는 한다. 전근대적 이념과 전근대적 현실이 정합적이기 때문이다. 대신에 이들 나라는 근대문명의 길에서 이탈하여 중세로 돌아간 것이다. 이 길은 우리가 갈 길이 아니다.

그런데 북한과 이란의 사례를 무시하기에는 여전히 커다란 문제가 남는다. 그것은 과연 사회문화적 근대화 없이 정치경제적 근대화가 언제까지 지속될 수 있을 것인가 하는 점이다. 개인주의와 합리주의 없이 민주주의와 자본주의 체제가 지속 가능할 것인가. 내가 한국을 정치경제적 근대화는 이뤘지만 사회문화적 근대화는 이루지 못한 나라라고 하는 것은, 한국이 정치적으로는 민주주의, 경제적으로는 자본주의지만, 그에 대응되는 사회적 개인주의와 문화적 합리주의가 부재하다고 보기 때문이다. 그러니까 한국은 정치경제적 근대성과 사회문화적 근대성이 일치하지 않는 문명모순 국가인데, 이것이 단지 한시적인 불균형이나 불안정 상태로 그칠 것인가 하는 것이다. 과연 한국의 정치경제적 근대성은 사회문화적 근대성이 뒤따라줄 때까지 무너지지 않고 버틸 수 있을까. 다시 말하면 한국의 정치경제적 근대성은 사회문화적 근대성 없이 지속가능할 것인가. 만약 그렇지 못할 경우 북한이나 이란처럼 전근대로 회귀하지 말라는 법은 없기 때문이다.

한국이 주체적 근대화를 하지 못한 것은 제국주의의 침략과 지배 때문인가. 그렇다고 제국주의에 의한 식민지 근대화를 부정하고 중세 사회로 돌아가는 것이 올바른 문명의 길인가. 이러한 물음을 던지지 않을 수 없다. 한국의 근대가 외세의 침략으로부터 시작된 것은 맞다. 하지만 침략은 근대의 출발이었을 뿐 그것이 근대의 모든 것은 아니다. 문명은 보통 수 천 년의 시간 단위를 갖는다. 출발만을 보고 그 귀결까지 점칠 수 있는 것은 아니다. 우리는 겨우 그 초입에 서 있을 뿐이다. 어쩌면 모든 문명과 문명화 과정은 침략으로부터 시작되는 것인지도 모른다. 토인비가 말하는 도전이 그것 아니겠는가. 자생적이지 않은 모든 문명은 타자의 침략으로 시작된다. 하지만 그러한 침략에 저항하기도 하고 수용하기도 하면서 침략을 넘어 마침내 나의 것으로 만드는 것, 그것이 바로 문명화 과정이 아닐까.

"다케우치의 문화 주체성에 대한 이해는 일반적으로 통용되는 이해와 다르다. 간략히 말해 그는 주체성의 형성은 자기부정의 과정이자 끊임없이 자기 내부에서 자주적 혁신을 이루는 것이라고 여겼다. 이러한 혁신의 중요한 매개는 외부의 타자로, 다케우치는 타자가 주체에 내재해야만이 타자를 구성할 수 있다고 강조했다. 다시 말해 외부의 이질적인 요소가 주체 내부의 구조적 조정을 가져올 때 주체와 타자의 관계가 성립된다는 것이다. 이는 다케우치가 중국 5·4 신문화운동을 높이 평가한 원인과 그가 루쉰 정신을 일본에 들여오려 한 의도를 분명하게 드러내고 있다. 루쉰 자체가 바로 "남의 불을 훔쳐 자신의 고기를 삶는" 정신의 본보기이고, 루쉰 정신은 다케우치의 주체성 사유에 관한 원천이었다. 때문에 그는 직관의 자기긍정을 용인할 수 없었고, 자기긍정을 주체성으로 인정할 수 없었다."[71]

문명화란 이런 것이 아닐까. 타자의 내재화 과정 말이다. 설사 한국의 근대가 외세에 의한 침략으로 시작되었을지라도 이제 그것을 내 것으로 만들어 해방의 계기로 삼아야 하는 것 아닐까. "남의 불을 훔쳐 자신의 고기를 삶는 정신" 말이다. 문명이란 그런 것이 아닐까. 아무리 노력해도 반쪽 근대화를 벗어날 수 없는 것은 비서구 국가의 피할 수 없는 운명인가. 하지만 어쩌면 한국이 짊어져야 할 운명은 이제까지 어떤 비서구 국가도 가지 못한 길을 가야하는 것일지도 모른다. 정치경제적 근대화를 넘어 사회문화적 근대화를 이루는 것 말이다.

그것은 근대적 주체(개인)를 발견해나가는 기나긴 여정일 것이다. 서구의 근대가 개인의 발견으로 시작되었다면 한국의 근대는

71 쑨거, '다케우치 요시미의 두 차례 번역 논쟁: 번역의 주체성과 정치적 논의를 겸하여', 제9회 파주북시티 국제출판포럼 2014 「번역 공간으로서의 동아시아」 자료집, 8쪽

개인의 발견으로 완성되는 것이 아닐까.[72] 한국의 근대가 성공적인지 아닌지는 그 기나긴 여정 끝에 기다리고 있는 것이 무엇인가를 보면 알 수 있을 것이다. 근대문명이 우리에게 줄 최고의 선물은 민주주의도 자본주의도 자동차도 아파트도 아니고 집단으로부터 자유로운 독립된 개인일지도 모른다.

72 근대문명의 요소 중에서도 한국인이 가장 이해하기 어렵고 받아들이기 힘든 것이 아마 '개인' 개념일 것이다. 그런 점에서 개인의 발견은 한국 근대화의 가장 후순위가 될 가능성이 높다.

후기

나의 문명 충돌기

어릴 적 살던 바닷가 마을에는 이상(李箱)의 『날개』에 나오는 것처럼 일 년 내내 비웃(청어) 굽는 냄새와 함께 굿하는 소리가 그치지 않았다. 어제는 뒷집에서 둥둥둥, 오늘은 앞집에서 둥둥둥. 무당 굿하는 소리에 아이는 잠을 이룰 수 없었다. 명절이면 모이던 친척들은 조상 무덤을 잘 썼느니 못 썼느니 하면서 싸웠고 학교 선생님은 주위에 무당이 있으면 신고하라고 했다. 우리 집안에도 무당이 있었지만 신고하지는 않았다. 어린 나이에도 그것이 자기 아버지를 반동이라고 고발한 공산주의와 무엇이 다른가 하는 생각을 했던 것 같다.

늦게 아들을 본 아버지는 나를 사랑했지만 그것은 철저히 자신의 방식에 따른 사랑이었다. 아버지의 사랑은 내게는 학대였다. 나는 반항했다. 지금 생각해보니 그것은 나의 첫 번째 문명충돌이었다. 그렇게 나의 근대적 자아는 봉건적인 아버지와의 갈등 속에서 조금씩 형성되어 갔던 것 같다.

늦깎이 대학생이 된 나는 당시 많은 젊은이들이 대학에 들어와서야 한국 사회의 모순을 깨닫고 의식화되어 운동권이 되어갔다는 사실을 이해할 수 없었다. 왜냐하면 나는 대학생이 되어 알게 된 한국 사회가 어릴 때의 경험과 달라서가 아니라 똑같아서 놀랐다. 내가 어릴 적부터 한국 사회는 한결같이 권위적이고 억압적이고 폭력적이었다. 어릴 적에는 아버지에게, 학교에서는 선생님에게, 군대에서는 고참병에 맞고 산 내게 한국 사회는 폭력 그 자체였다. 그런 내게 5.18은 온몸으로 싸워야 할 국가폭력이었다.

학교를 졸업한 이후 나는 사회운동에 뛰어들었다. 처음에는 민중문화운동에, 나중에는 시민사회운동에. 그러나 시간이 지나면서 점차 민주화운동을 하는 사람들이 민주주의자가 아니라는 사실을 깨닫게 되었다. 사회적 참사를 '잊지 않겠습니다'라며 주술에 옭아매고 위안부 소녀상을 숭배하는 이들은 내가 보기에 전근대인이었다. 근대인인 나는 그들과 같을 수 없었다. 나의 두 번째 문명충돌이었다.

이제 노년기에 접어든 나는 나의 60여 년의 삶이 문명충돌의 역사였다는 사실을 깨닫게 되었다. 그러면서 나의 개인사와 사회사가 일치하고 시각예술 공부와 한국 근대 공부가 하나로 만나는 경험을 하게 된 것이다. 그런 점에서 이 책은 한국 사회 이전에 나 자신의 문명충돌기이다.

최 범의 한국 근대 연구 1, 2

문제는 근대다
-한국 근대의 문화적 의미

이상한 나라 대한민국

-몸은 한국인 정신은 조선인

우리는 왜 여전히 전근대적인가

민족사에서 문명사로, 집단에서 개인으로

1판 1쇄 발행 | 2026년 1월 22일

지은이 | 최 범
펴낸이 | 박정자

펴낸곳 | 도서출판 기파랑
등 록 | 2004. 12. 27 제300-2004-204호
주 소 | 서울시 종로구 대학로8가길 56 동숭빌딩 301호 우편번호 03086
전 화 | 02-763-8996 편집부 02-3288-0077 영업마케팅부
팩 스 | 02-763-8936
이메일 | guiparang_b@naver.com

ISBN 978-89-6523-464-7 03300